LA DENTELLIÈRE

TWENTIETH CENTURY FRENCH TEXTS

Founder Editor: W. J. STRACHAN, M.A. (1959–78)
General Editor: J. E. FLOWER

TWENTIETH CENTURY TEXTS

Pascal Lainé

LA
DENTELLIÈRE

Edited by
Michael Tilby, M.A., Ph.D.

London and New York

First published in this edition in 1981 by
Methuen Educational Ltd
Reprinted in 1990, 1994 (twice), 1999 and 2001 by
Routledge
11 New Fetter Lane, London EC4P 4EE

Routledge is an imprint of the Taylor & Francis Group

Text © 1974 Librairie Gallimard
Introduction and Notes © 1981 M. J. Tilby

Printed in England by Clays Ltd, St Ives plc

British Library Cataloguing in Publication Data

Lainé, Pascal
La dentellière. – (Twentieth century French texts)
I. Title   II. Tilby, Michael
843'.914   PQ2672. A34

ISBN 0–415–04001–9

CONTENTS

PREFACE

In the introduction that follows, I have tried to show that Pascal Lainé's fiction is open to interpretation on a number of different levels. For there to be just recognition of the complexity of his writing, it has been necessary to allude to works and theories that are undeniably difficult. Readers should note that familiarity with such texts is by no means essential for their reading of *La Dentellière* to be richly rewarding. It is the merit of this short novel that it can be read with ease, the subtle questions raised by its form remaining discreetly in the background and therefore not detracting from the effectiveness of the story it tells. The author's most pressing concerns are immediately apparent, as is the undoubted quality of his writing. None the less, more advanced students of French literature and their teachers will, I hope, feel encouraged to read Lainé's other novels and pursue their analyses of his work into some of the more intellectually sophisticated areas I have all too briefly touched upon.

It is with pleasure that I record my thanks to: M. Lainé, for his courteous and informative replies to several questions of a biographical nature; and to the various librarians in Cambridge and London who helped me track down foreign newspapers and periodicals.

ACKNOWLEDGEMENTS

The editor and publishers are grateful to Librairie Gallimard for permission to reproduce the text in this edition, and to the Musées Nationaux, Paris, for permission to reproduce Vermeer's *La Dentellière* on p. 40.

INTRODUCTION

La Dentellière, Pascal Lainé's third novel, was published in 1974. It won immediate critical acclaim. Later that year it was awarded the most celebrated of French literary prizes, the Prix Goncourt, which, although worth only fifty francs, ensured it an even larger readership. In 1977 there appeared a cinema version with a script written by Lainé himself and the film's Swiss director, Claude Goretta.

The story is banal. After a rapid sketch of the village in Northern France where Pomme began her short, ill-fated life, the scene transfers to the heroine's present home in an unfashionable Parisian suburb and her menial employment in a smart hairdressing salon in the city centre. She is soon 'adopted' by a more experienced woman conscious of losing her youth, and the two of them find themselves in Cabourg on what is for Pomme her first ever visit to the seaside. Before long Pomme is left to her own devices. Sitting outside a café, she attracts the attention of Aimery de Béligné, a somewhat unprepossessing student whose family belongs to the French squirearchy. Seduction follows and Aimery takes Pomme to live with him in his Parisian bedsitter. However, it soon becomes evident that these representatives of entirely different social backgrounds are unable to communicate with each other. Aimery makes it known he is irritated by Pomme's presence, and, as docile as when she followed

Aimery back to Paris, Pomme packs her bags. Yet the experience convinces her that she is fat, and on her return to her mother's flat, she refuses to eat. *Anorexia nervosa* develops and the last we hear of her is in a psychiatric hospital a long way from home. No mention is made of her recovery and we realize she may well die.

At first sight, the choice of such a banal subject seems to place Lainé's novel squarely in the tradition of much nineteenth-century realism. In their preface to *Germinie Lacerteux* (1864), the Goncourt brothers had written:

> Vivant au dix-neuvième siècle, dans un temps de suffrage universel, de démocratie, de libéralisme, nous nous sommes demandé si ce qu'on appelle 'les basses classes' n'avait pas droit au Roman; si ce monde sous un monde, le peuple, devait rester sous le coup de l'interdit littéraire et des dédains d'auteurs qui ont fait jusqu'ici le silence sur l'âme et le cœur qu'il peut avoir. Nous nous sommes demandé s'il y avait encore, pour l'écrivain et pour le lecteur, en ces années d'égalité où nous sommes, des classes indignes, des malheurs trop bas, des drames trop mal embouchés, des catastrophes d'une terreur trop peu noble.

Leaving aside the nineteenth-century rhetoric, this is an attitude that could well be ascribed to the author of *La Dentellière*. Like Germinie Lacerteux and Flaubert's Emma Bovary before her, Pomme was no natural literary character but a representative of a type that still awaited its sympathetic novelist, one who could rise above the banality of his subject and set it in a suggestive and artistically pleasing composition. And if Lainé succeeds, it is, as with Flaubert's treatment of Emma, largely because Pomme's very banality is allowed to become a source of fascination. The embodiment of pure passivity, she is at once unremarkable and enigmatic. Added to which, her story is seen through the eyes of a sociologist who finds much to criticize in contemporary society. Lainé moves deftly through the world of the ordinary woman, revealing her attitudes and aspirations, unmasking the many constraints that prevail.

What places Lainé firmly among the moderns, however, is his concern with the activity of writing itself, his refusal to see his novel as a natural and straightforward representation of reality. *La Dentellière* displays a high degree of authorial self-awareness, showing that Lainé has thought carefully about the paradoxical nature of all fiction and the implications of the various choices open to him as narrator. It is a highly 'self-conscious' and playful novel in which much use is made of authorial interventions, deliberate contradictions and undisguised artifice. The text is a 'patch-work' (Lainé's own term) of different literary styles, and the reader is frequently reminded that what he is reading is pure invention. All this invites the reader to go beyond the storyline and explore the many questions raised by the way in which the novel is written.

Pomme leaves a lasting impression as a fragile and vulnerable creature at the mercy of a malevolent world. Her story is told with abundant sympathy. Yet such an impression does not reflect the full significance of Lainé's novel, which is never made explicit; the reader is encouraged to read between the lines. It is only then that *La Dentellière* is seen for the elusive and equivocal composition it undoubtedly is.

THE WRITER AND HIS BACKGROUND

Pascal Lainé was born in Anet (Eure-et-Loir) in 1942, the only child of elderly parents who had been Algerian settlers.[1] He was assured a comfortable childhood, though he was later to speak slightingly of 'les appartements à Neuilly, la sécheresse d'une bonne éducation, les répétiteurs et les honneurs du lycée'. At the end of his schooldays, following the conventional path of the academically gifted, he passed the fiercely competitive entrance examination of the *École Normale Supérieure* at St Cloud (a scarcely less prestigious institution than its more famous counterpart in the rue d'Ulm), where he trained as a philosopher. Less conventional was his decision to seek his first teaching-post, not in a university or *lycée*, but in a provincial *lycée technique* of the kind he describes in his second novel, *L'Irrévolution*, schools where, in his words, 'on rencontre plus souvent ceux qu'on appelait autrefois les "petites gens" que des représentants des classes privilégiées'. In a period when educational practice was being radically called into question, he viewed this post as an opportunity to encourage less privileged schoolchildren to become, as he saw it, more self-aware and, ultimately, more articulate.[2] It appears, however, that the methods he used at the *lycée technique* in Saint-Quentin did not always meet with approval: 'Les autorités académiques ayant fait comprendre à Pascal Lainé qu'il n'était pas là pour "dialoguer", il passa six mois en congé de maladie, avant d'être nommé dans un lycée "bourgeois" Louis-le-Grand' (*Le Monde*, 30 November 1971). He soon found this most illustrious of Parisian *lycées*, where he had for a time been a pupil, too close to his own background, and before long he was back in the technical sector, this time teaching sociology at the Institut Universitaire de Technologie at Villetaneuse (University of Paris XIII). He still teaches there today.

He has to date published six novels and a sociological study entitled *La Femme et ses images* (1974). Although *La Dentellière* has proved the most popular of his books, his other novels deserve attention. They display variously a hard-headed look at the contemporary world, a vivid use of language, a determination to experiment with new and interesting forms of narrative and a mischievous sense of humour. His refusal to repeat what others have done before him is an attitude he also adopts towards his own writing: each new novel he has produced has represented a significant departure from his previous practice.

The starting-points for his fiction are nearly always closely derived from his own experiences. Yet he has rightly stressed that his characters are never purely autobiographical, even when their reactions and observations are felt to be akin to those of their creator. André Gide once wrote of characters who strongly resembled himself: 'Ce qui manque à chacun de mes héros, que j'ai taillés dans ma chair même, c'est ce peu de bon sens qui me retient de pousser aussi loin qu'eux leurs folies.'[3] Essentially the same distinction might well be applied in the case of Lainé. What are for him merely fleeting sentiments may well be given a dominant role in the life of a character. They become, in his own words, *hypothèses de travail*; they are followed through to conclusions that were not necessarily part of the author's own experience. As a result, his characters are distanced from him, and he clearly enjoys treating them as beings who are distinct from his own self, while related to it. They are, moreover, heavily stylized and fashioned according to the needs of what are always deliberately artificial compositions.

Each of his earlier works bears the imprint of his uniquely French education and the very particular political climate of the sixties. The *École Normale Supérieure* provides its students with an almost pure world of ideas, an environment in which debate flourishes at a far remove from practical experience. The archetypal *normalien*, confident of being part of an intellectual élite, is supremely articulate, enjoys language for its own sake, and is endowed with a rare capacity for abstraction and the manipulation of theory. To a large extent, this is the hallmark of all Parisian intellectuals and reflects the importance the French educational system accords philosophy, but few would contest the claim that the *normalien* possesses these gifts to an incomparably high degree. Lainé is no exception. Yet he was still a student at the time of the riots that rocked France in May 1968. Not only did he sympathize with much of the questioning of traditional institutions and values, he participated in the widespread self-questioning that was the order of the day.[4] The *normalien* tradition was no longer automatically a cause for pride. Attitudes towards the achievements it fostered ranged from scepticism to outright rejection. The generation of 1968 read approvingly Paul Nizan's attack on the *École Normale* and the academic discipline of philosophy in *Aden Arabie*, which although first published in 1931 had been re-issued in 1960 by a prominent left-wing publisher together with an introductory essay by Nizan's friend and fellow-student of philosophy at the *École*, Jean-Paul Sartre. Like Nizan, Lainé and his generation had an awareness of a world beyond academe. They found themselves taking an interest in areas of society remote from the lecture theatres and cafés of the *Quartier Latin*. Lainé freely admits that 1968 and its aftermath represented a testing-ground for his idealism. The result was, however, all too often disillusionment. For the form of the 'revolution', as Lainé later came to realize, remained abstract and theoretical. Yet if little was accomplished of a practical nature, there grew out of these considerations a subject that has dominated much of his writing: the problems faced by the individual in his desire to communicate and understand the attempts at communication made by others. Indeed, the failure of the student rebellion to change the fabric of French society has not discouraged Lainé from pushing ahead with his social critique. Quite the contrary.

Lainé's overriding concern in his earlier novels is to explore the relationship of the individual to the society in which he lives. From his standpoint, the ruling bourgeois culture stifles or inhibits, often unwittingly, any attempt at self-expression by other sections of the community. Hence his particular interest in the inner worlds of young children, less privileged pupils, and women, all of whom he sees as the underdogs of the ruling culture, unable to express themselves in its language. Both the educational system and various manifestations of the consumer society come under particular scrutiny.

At the same time, his first two novels also contain characters who are the product of this ruling culture yet have no difficulty in manipulating its language. None the less the latter are for the most part characterized by an existential anguish and present themselves as alienated from the society in which they live. Detached observers of that world and the malaise it inspires in them, they are in many ways the descendants of the existentialist 'heroes' of Sartre or Camus. Existentialism has quite clearly been one of the prime influences on Lainé's view of the world. In his thinking about the novel, *La Nausée* and *L'Étranger* are seen as unavoidable reference-points (see, for example, 'Une Génération qui cherche ses sources'). In his early work, in particular, echoes of Sartre and Camus are everywhere apparent; in his vocabulary and style, as well as in the situations presented. Yet it is wrong to charge Lainé with a lack of originality in this respect, as some reviewers have done. He is only too aware that the 'discovery' had been made by an earlier generation. He knows that for him existentialism can only be an inherited language, and he indeed treats it as such. He fully recognizes that as a result the status of the existentialist view has changed. If it still has validity, it has lost the power of revelation. It has become a commonplace. His reaction to it can only be one of ambivalence. To represent in fiction such a view of the world can no longer give rise to the joys of either self-dramatization or catharsis.

It is precisely this realization that distinguishes Lainé's characters from those of Sartre or Camus. They are, in every sense, living in a post-existentialist age. Formulas for living that depend on seeing the absurd as a redoubtable enemy calling for a heroic response no longer seem valid. Such formulas are based on a humanistic view that implies that Man occupies the central place in the universe, a view many post-war writers have done their best to erode. It was on such grounds that Alain Robbe-Grillet, in a key essay of 1958 entitled 'Nature, humanisme et tragédie', had rejected the positions adopted in *La Nausée* and *L'Étranger*, denouncing the 'absurd' as 'une forme d'humanisme tragique'.[5]

To this extent Lainé can be seen as lining up with the *nouveaux romanciers*. However, he has made it quite clear that he believes the *nouveau roman* no longer has anything to say. In his view Robbe-Grillet's attempt to go beyond existentialism is ultimately unsatisfactory. He rejects the dogmatic 'death of the subject' proclaimed both by the *nouveaux romanciers* and the structuralist movement which in France has dominated so much recent thinking about literature. Hence his decision to go back to the starting-points provided by Sartre and Camus in order to find his own answer to their view of *la condition humaine*. We may perhaps conclude that he is attempting to establish a position somewhere between an outdated form of humanism and the opposite extreme as represented by Michel Foucault's claim: 'L'homme est mort'.

Lainé's novels also show that he is well acquainted with the theoretical considerations that have dictated the experiments with novelistic form in France during the past thirty years. Once again these are seen as an inevitable heritage: 'Les écrivains de ma génération [...] ont très peur d'être naïfs. L'écrivain a peur de son ombre. On nous a appris qu'un écrivain à la mode était quelqu'un de très astucieux, de très prémédité, de très concerté' ('Une Génération qui cherche ses sources'). He appears to share many of Robbe-Grillet's objections to the 'realist' novel, and he uses several techniques frequently encountered in the *nouveau roman*. For example, he avoids giving what he calls 'une vérité métaphysique'[6] to characters who are, for him, simply the product of 'le jeu de l'écriture'. His work also illustrates Roland Barthes's contention that literary texts are inherently *ludic* and the equally fashionable view that literature is essentially 'self-reflexive', that is, ultimately only about itself as a literary text. His playful references to other authors (for example, the fairly frequent allusions to Proust) indicate that he subscribes at least in part to the formalist belief that each new literary text is written in response to a corpus of existing texts. He is none the less opposed to the lengths to which the *nouveaux romanciers* (and still more the authors of the *nouveau nouveau roman*, such as Philippe Sollers) have gone to emphasize their break with previous literary practice, making their novels notoriously difficult to read, thwarting the reader's sense-making operations at every turn. Their writing has been so radically iconoclastic that he feels he is left with no option but to retrace certain of their steps: 'le nouveau roman a construit de toutes pièces ses adversaires. Il y a là-dedans ou de la naïveté ou une certaine mauvaise foi. Je crois que les gens de ma génération n'ont plus rien à liquider.' Even when he adopts practices that are reminiscent of the *nouveau roman*, he avoids taking them to extremes. For him, character, for instance, is not quite the *notion périmée* it is for Robbe-Grillet. In general, the dogmatic certainty that characterizes the *nouveau roman* receives from him what he describes as 'un regard quelque peu sceptique et amusé'.

His strategy is to re-engage with a wider tradition of which the *nouveau roman* forms only a small part, a tradition that in its experimentation with form goes back at least as far as Sartre and Gide. He uses his experience of the *nouveau roman* to develop this tradition in a less narrow-minded and more tolerant manner than that shown by the generation of Robbe-Grillet. More respectful towards the past, Lainé allows himself to write novels that contain readable stories featuring interesting characters, in spite of the fact that they exhibit a host of teasing ambiguities and call into question the very narrative practices they so successfully employ. It is essentially a matter of discretion; unlike the *nouveau roman*, Lainé's novels are, on a first reading, deceptively simple, and gratify many of the reader's natural demands. Although once one problematical element has been detected and pursued it is soon found to lead to others, the fact remains that even after the fiction has been exposed as unreliable and contradictory, the reality of its characters lives on in the reader's mind. And that is no mean achievement.

'B. COMME BARABBAS' (1967)

B. comme Barabbas was written when Lainé was only twenty-five and studying for the *agrégation de philosophie*. It is an account of the suicide of B., a young schoolmaster without a vocation, a death described by Lainé as 'un suicide raisonné, longuement médité, et finalement choisi, comme la solution la plus adéquate, comme la seule solution au désespoir d'être mortel'.[7] There hangs over the book the death of a boy B. has watched fall while attempting to climb from one upper-storey window to another. Although the extent of B.'s guilt is never revealed, it seems there had been a moment when it would have been possible for him to grab the boy by the legs. But the novel is not just about the effect on B. of this single event. It is a retrospective account of his whole life as related to a (possibly imaginary) doctor at the mental hospital to which he has been forcibly removed.

B., like other existentialist 'heroes' before him, envisages his life with disgust. He feels it to be an imperfection in the scheme of things and is forever conscious of himself as a minute and transitory being. A meaningless one, as well, for he will leave behind no impression on the natural world. As he himself laments: 'Je me sens comme "de passage" dans l'existence à la manière d'un voyageur de commerce, également étranger à tous les pays que je traverse.' In his childhood, he had been surrounded by images of death and ever since has been fascinated by the idea of his own. Death holds for him both a powerful attraction and profound terror. This obsession with his own mortality isolates him from his surroundings and his fellow-men, but in his solitude he can only seek to withdraw still further, making himself ever smaller and more insignificant, thereby appearing to hasten the moment of death and satisfying his desire for a foretaste of *le néant*. In other words, the moment of dying becomes associated in his eyes with the very meaning of life. In the end, B. considers there is no point in waiting. He decides to commit suicide, and in the note he leaves advances an ironic version of the famous Pascalian wager: 'Ainsi, puisque nulle part je ne trouve de certitude, je me résous enfin à parier: j'opte pour le néant ... Ce soir je ne serai plus rien ou je serai damné, car j'aurai parié contre ton bon Dieu.'

It is small wonder that initially B. is drawn to the example of Christ, the supreme case of an existence justified by

death. At an early stage he latches on to the hope of salvation
through suffering. Christ taking upon himself the sins of all
mankind has a particularly strong appeal to this boy who sees
so much malice around him. The loss of his father at an early
age has also instilled in him feelings of guilt that are well
known to Freudians. Yet, inevitably, B.'s 'imitation of
Christ' fails. He cannot place himself on the Cross; Man will
never achieve perfect virtue. He comes to realize with some
bitterness that his will always be 'le sort de Barabbas!', the
thief who was saved through no request of his own. (An
ironic prefiguration of his discovery occurs when as a boy he
is saved from drowning.) It is a fate defined by Lainé as 'le
sort commun, le sort vraiment terrible de celui qu'on sauve
pour le moment, et dont la mort, qui viendra bien un jour,
sera un mort pour rien, une fin absolue'.[8] What is more, B. is
really only a parodic Barabbas: St Mark tells us that the
Hebrew thief was a convicted murderer, whereas if B. has
played any part at all in the death of the schoolboy, it was
only, it seems, that he did nothing to save him.

B. comme Barabbas was described by André Dalmas (Le
Monde, 6 September 1967) as 'ce remarquable premier livre',
and although it is not without the occasional awkwardness, it
is a strangely compelling fiction. As the clever choice of title
suggests, this novel is already an indication of the author's
preference for compositions that are carefully thought out
and which explore with a certain rigour the implications of a
pervasive idée-maîtresse. The reader may at times be reminded of the philosophical fictions of Albert Camus, ele-
gant and highly formal récits rather than full-blown novels.
The parallel is instructive. For B.'s reaction to the absurdity
of his condition is in complete contrast to that of Camus, who
was always at pains to reject suicide as the logical response to
an absurdist view of life. The form of the novel also displays
much that is unique to Lainé.

B. comme Barabbas is not an unambiguous, linear account of B.'s life. The chronology is purposefully jumbled
and there is constant oscillation between narratives in the

first and third persons. The reader is obviously meant to reflect on the juxtaposition of these two narrative voices. (Bertrand Poirot-Delpech (*Le Monde*, 15 February 1974) failed to see the importance of this device and classed it as one of several 'artifices inutiles' that in his view marred Lainé's first novel.) There is no doubt that B. is the author of both. Taken together, they form the confession of a neurotic patient: fragmented, ambiguous (not to say contradictory), unreliable, guilt-ridden. The third-person narrative is clearly an attempt to distance himself from his traumatic experiences. (Compare Aimery's similar concern in *La Dentellière*.) Such an exercise proves difficult to sustain; he frequently slips back into the temptations offered by narration in the first person. Moreover, the different nature of the two narratives accentuates B.'s inability to give an unambiguous account of the circumstances surrounding the boy's death. For if on one occasion it is suggested that B. is, to a greater or lesser degree, guilty of murder or a related crime, on others the conclusion appears to be invalidated. There is, for example, the possibility that B.'s proneness to feelings of guilt is such that in reconstructing events he is led to confuse his largely repressed antagonism towards the pupils he has to teach for a fatal act of physical aggression. The reader is given no means of knowing which hypothesis to believe.

Such thwarting of the reader's attempts to come to a clear-cut conclusion about the true circumstances of an event (often a crime) is a procedure that has been much favoured by Robbe-Grillet and other *nouveaux romanciers*. (See, for example, Robbe-Grillet's *Les Gommes*.) Indeed, in the case of *B. comme Barabbas*, the death of the schoolboy, although the character's central obsession, is in its forensic details relatively unimportant. If the text is deliberately constructed so that it is impossible for the reader to play successfully the role of *commissaire de police*, it is in order that our attention be deflected towards more general questions: the psychological processes in play and the nature of the writing itself.

Many of the flashbacks in the novel are concerned with

B.'s childhood. He recalls vividly the pervasive presence of his dead father, to whose memory his mother pays constant homage, and who becomes associated in B.'s mind with the figure of God, thereby partly explaining, of course, his desire to become a Christ-like figure himself. This emphasis on B.'s relationship with his father is a clear indication that Lainé's fiction is concerned essentially, not with the facts surrounding a regrettable *fait divers*, but with a suitable case for psychoanalysis. Indeed, there can be little doubt that Lainé's approach to narrative in *B. comme Barabbas* is heavily influenced by his reading of the notoriously difficult psychoanalyst Jacques Lacan whose re-interpretation of Freud with the aid of models partially derived from structural linguistics has been the delight of many contemporary French writers and thinkers. (In the same year that saw the publication of his first novel, Lainé wrote a short piece entitled 'Jacques Lacan, lecteur de Freud'.) The oscillation between *Je* and *Il* recalls one of Lacan's most celebrated notions: *le stade du miroir*, or 'mirror phase', a notion that has been adeptly summarized by Malcolm Bowie:

This phase occurs in the human individual between the ages of six months and eighteen months. It is a period at which, despite his imperfect control over his own bodily activities, he is first able to imagine himself as a coherent and self-governing entity. Such an image is concretely available to him when he sees his own reflection in a mirror ... This moment of self-identification is crucial, however, not because it represents a stage on the way towards 'adulthood' or 'genital maturity' ... but because it represents a permanent tendency of the individual: the tendency which leads him throughout life to seek and foster the imaginary wholeness of an 'ideal ego'. The unity invented at these moments, and the ego which is the product of successive inventions, are both spurious; they are attempts to find ways round certain inescapable factors of lack (*manque*), absence and incompleteness in human living.[9]

Armed with at least the outlines of such a theory, the reader of *B. comme Barabbas* will find he is considerably helped in his attempts to understand both the character of B. and the way in which the novel is written. He may also be led to a conclusion for which his instinctive identification with B. has already prepared him, namely that although B. suffers from a deep-seated neurosis, the behaviour of his mind follows paths shared by us all.

One of the reasons why Lacan has appealed to so many creative writers is that his use of linguistic models allows closer psychological contact with the medium in which they work, namely language. The result is greater self-awareness and a deeper understanding of, for example, the implications present in the choice of particular narrative modes. Further encouragement is also provided for the view expressed by Jung and others that there is a close relationship between creativity and madness. Thus, by the very fact of providing a coherent presentation of *le discours d'un fou*, Lainé throws light on the nature of all literary narratives; in particular the implications of first-hand experience being transformed into the detached form of a third-person *récit*.

'L'IRRÉVOLUTION' (1971)

Lainé's second novel, which was awarded the Prix Médicis, is one of a number of fictional attempts to understand the events of 1968 and their aftermath. It is, at the same time, a conscious exploration of the existentialist heritage, inviting the reader to recall the writings of Sartre and Camus, in particular *La Nausée* and *L'Étranger*.

Despite the disclaimer that precedes the text, *L'Irrévolution* appears to be the most obviously autobiographical of Lainé's novels. It once again features the life of a young schoolmaster, his time a teacher of philosophy at the *lycée technique* of Sottenville, a fictitious and appropriately named industrial town, which, like Saint-Quentin, lies 150 kilometres to the north of Paris. Sottenville could, however, be any one of what the anonymous *TLS* reviewer called 'those dreary towns built of shiny red brick in Picardy or Artois' (3 December 1971). It is also Lainé's version of the town which in *La Nausée* Sartre called Bouville but which was based on Le Havre, where he had been sent on what was for him too his first posting as a teacher of philosophy.

It is September 1968 and the narrator has arrived in the provinces determined to bring the revolution to the sons and daughters of the proletariat:

> Je croyais trouver au lycée des jeunes révoltés; ils devaient l'être; ils avaient bien plus de raisons de l'être que nous autres étudiants bourgeois, qui l'avions été; et même, nos raisons, n'est-ce pas sur eux, sur ce que nous supposions d'eux que nous les avions fondées? Et je me figurais que ces garçons et ces filles attendaient quelqu'un comme moi, qui leur apprît l'art et la manière de faire l'insurrection.

His idealism is dealt a reeling blow when he discovers that instead of being slaves waiting to be freed, these scions of working-class parents possess what he considers a petit-bourgeois respect for order and hierarchy, showing themselves satisfied with the material success they consider to be within their grasp, and quite out of sympathy with *les événements de mai*. They are as surprised by his attitudes as he is by theirs, and the result is an almost total absence of communication. ('Ils n'ont rien compris; ou bien c'est moi qui n'ai rien compris'.) He is forced to recognize the inauthenticity of the role he has been trying to play. With this recognition comes the realization that the revolution of 1968 was in fact what he terms *une irrévolution*:

> C'est le mouvement contradictoire d'une inquiétude et d'une critique si profondes, si totales peut-être, qu'elles-mêmes n'échappent pas à leur propre acide, et qu'elles se dissolvent dans leur réflexion sur elles-mêmes, qu'elles s'effacent ... C'est cela, l'irrévolution, c'est la révolution quand elle devient compliquée ... Et puis à quoi bon la

faire, qui me demande de la faire? Personne. Voilà du
moins une chose dont je suis certain; dont Sottenville m'a
bien convaincu. Alors je ne fais rien; comme je n'ai rien
fait, déjà, en mai 68. J'ai parlé, beaucoup parlé. Pas pour
ne rien dire; pour ne rien faire. Car l'important, c'est de
ne rien faire.

Je ne suis pas le seul de mon espèce. L'irrévolution,
nous avons été tous à la vivre ainsi, en mai 68. Nous avons
fait l'irrévolution, non la révolution, parce que nul de
ceux qui devaient la faire, la révolution, parce qu'aucun
de nous n'espérait y trouver vraiment son assouvissement.
Nous avions peut-être de quoi changer le monde; mais
nous, nous serions restés les mêmes, les mêmes assoiffés
dans ce monde nouveau, avec la même angoisse de n'avoir
pas fait assez. Alors nous n'avons rien fait.

The message is loud and clear: 1968 was a failed revolution
and he is a failed revolutionary, merely playing the part of
'un jeune intellectuel de gauche et révolté'.

But the narrator remains convinced that the institution of
which they are all a part is repressive, and he attempts to
break down their inert acceptance of the 'system' and give
them the means to express themselves outside the role im-
posed on them from above. To this end, he encourages them
to start a school magazine. Initially, he is pleased with the
students' response. But the second number carries (un-
beknown to him, since he refuses to have the articles sub-
mitted to him for approval) a crude attack on members of the
school staff, himself included. (He is identified as 'un révolu-
tionnaire "de pacotille" avec "pignon sur rue" '.) The headmaster, who has been the principal target, insists that he
discover the pupil responsible and convey to him the news that
he is to be expelled. Ironically, the article had been written in
Paris by an architecture student from a wealthy family; the
boy who is expelled has simply acted as go-between. The
narrator, perhaps to our surprise, expresses approval of the
headmaster's decision, leaves Sottenville and returns to Paris.

L'Irrévolution is, then, an expression of profound disillusionment. French society is revealed as rigorously stratified. The *lycée technique* has seven different sections but it is suggested the pupils are distributed among these sections not according to their aptitudes or ambitions but on the basis of their social origins. (For much of the novel the narrator lumps them together as being almost without exception of working-class – or 'sub-bourgeois' – families, but he is also aware that they are sub-divided according to a distinct hierarchy.) Each is then trained to rise just one or two notches on the social scale. Genuine mobility is rigorously denied them. Particularly interesting is the way the problem is seen predominantly in terms of language. The pupils are first and foremost *linguistically* deprived. The official language of education, especially that employed in the teaching of philosophy, which is seen throughout as an anomaly in this *lycée technique*, is one which they can at best imitate. It remains alien to them. They will never be able to adopt it naturally. That is why they are unable to appreciate the narrator's questioning of the 'system'. For them he is marked out by his language as one who will always be part of a world to which they have no access. As Gabrielle Rolin writes in *Le Nouvel Observateur* (1 November 1971): 'A leurs yeux, il reste le maître, le patron, un privilégié dont ils se méfient. D'ailleurs ils ont l'habitude du silence, aucune langue ne leur est vraiment maternelle.'

Yet, however powerful the presentation of the system in which these children are trapped, the *récit*, which is written entirely in the first person, is dominated by the narrator's personal dilemma. It may seem from what has already been said as if the narrator is fired by a missionary zeal. Whereas, in fact, his, unlike that of Lainé in Saint-Quentin, is a reluctant presence in Sottenville. He is introduced as yet another descendant of Roquentin and Meursault (the 'heroes' of *La Nausée* and *L'Étranger*). He has no need to draw attention to the absurdity of human existence, it is the natural state of which he has always been aware. In Sartrean terms he is *de trop* (there is much deliberate, and often parodic, use of Sartrean vocabulary throughout the novel): 'Les décisions importantes de ma vie se sont toujours prises en dehors de moi ... Au reste, j'ai rarement envie de quelque chose.' For him too language is a stumbling-block. Not only because his own language accentuates the class differences he deplores, but because, as Anne Fabre-Luce has observed:

> Son propre discours, les analyses qu'il fait de ses états est lui-même générateur du malaise qui l'habite. A y regarder de plus près le narrateur utilise le même langage pour enseigner la philosophie et s'auto-analyser. Il n'y a donc rien d'étonnant à ce qu'il se sente mystifié de toutes parts et réduit à l'impasse.
>
> (*La Quinzaine littéraire*, 1-15 November 1971)

For much of the novel he presents himself in terms of a detachment from the world that may remind us of Camus's Meursault. He refuses to feel guilty for something over which he has no control. However, he finds it impossible to transcend the absurdity of existence with the aid of some such notion as Sartre's *engagement* or Camus's enjoinder 'Il faut imaginer Sisyphe heureux'.

At the same time, if the narrator lays bare with disarming honesty his essential indifference to everything that happens he is also mildly fascinated by what he witnesses in the new and alien world of Sottenville. With the lucidity one expects of an *agrégé* in philosophy, he can pinpoint exactly what is wrong with society, although, as in the case of his own relationship with the world, he can only register his feelings of impotence. None the less, as this fascination becomes a habit, he finds himself, to his surprise, taking an interest in his pupils as individuals. At times there are signs of a genuine desire to believe in his mission, though it is apparent that his commitment remains something of an intellectual exercise. In the end, the reader may find it extremely difficult to characterize with any precision such a constant show of ambivalence.

This ambivalent attitude the narrator shows towards both

himself and the society in which he is forced to live is magnificently captured in the style of the narrative. It is a style which has been well described, by Paul Morelle, as 'un style à la fois détaché et insidieux, ouaté et moqueur' (*Le Monde*, 19 November 1971), creating without further comment, the impression of frustration and impotence that is the hallmark of Lainé's novel. But in addition it reflects the curiously unstable mixture of involvement and detachment which makes the narrator at once an authorial spokesman and an object of satire. It is this combination that makes *L'Irrévolution* such a disturbing novel. For if the reader is initially able to regard the narrator as a man whose high degree of alienation and lack of emotion make him different – the 'outsider' – he may well find that the acuteness of the latter's observations leads him to accept as increasingly valid a point of view that upsets his invariably passive acceptance of the way society is ordered. As Claude Mauriac has rightly said, *L'Irrévolution* is 'un de ces livres-cris qui nous réveillent, nous alertent et font autre chose que de nous renvoyer les échos de notre propre voix' (*Le Figaro littéraire*, 8.10.71).

'LA DENTELLIÈRE' (1974)

La Dentellière might well be viewed as a continuation of *L'Irrévolution* in so far as its theme is again the lack of communication across the boundaries of social class. However, although Aimery's background and education are not dissimilar to those of his creator, *La Dentellière* shows Lainé much less preoccupied with fictional extensions of his own self. It is significant that most of the interest is centred not on his male character but on Pomme; and that the novel was written more or less at the same time as, aided by a team of twenty female interviewers, he was conducting the research for his sociological study entitled *La Femme et ses images*. Both works are concerned to throw light on *la condition féminine* in France today. Some of the questions considered in *La Femme et ses images*, such as the implications of the

Mouvement de libération des femmes, are not of immediate relevance to a discussion of *La Dentellière*, but many of the conclusions reached in that work may be found applicable to the case of Pomme. They may indeed help to complete the analysis begun by the novelist's explicit commentary. It has been thought appropriate therefore to consider the findings of Lainé's survey before outlining the ways in which *La Dentellière* explores imaginatively a number of similar themes and preoccupations.

In *La Femme et ses images* Lainé insists that for all the apparent 'liberalization' of French society, it remains a world dominated in every sense by men. He is convinced that although such a thesis may not cause surprise, we are rarely brought face to face with its implications. His purpose is therefore two-fold: firstly, to reveal '*l'étrangeté* d'un monde, d'une culture organisée selon des valeurs masculines, géné- ralement traduites par des interdits et des sanctions im- posées aux femmes' (my italics) and, secondly, to investigate 'comment les femmes vivent cette condition qui leur est faite, et qui passe pour leur être "naturelle" '.

'La femme est un mythe, un fantasme, une angoisse au cœur du monde masculin. Nul autre destin ne lui est permis que conforme à ce mythe, à ces images.' Where undoubtedly the vast majority of men and women tend to see the workings of nature, Lainé sees a myth created by man in response to the economic foundations on which his particular society is based. In other words, as in *Mythologies*, Roland Barthes's widely-read essays on aspects of contemporary society, Lainé is concerned to 'demythologize', so that what at first seemed eternal might appear open to change. Like Barthes, he lays stress on advertising, claiming: 'La femme moderne est une mineure sous la haute tutelle des publicitaires, des fabricants de détergent, et des rédactions de la presse fémi- nine.' The world of masculine values demands that women conform to its need for them to be consumers. A woman thus becomes not just an object but an incomplete object, one that is to be completed with the aid of the products that are thrust upon her. Paradoxically, Lainé asserts, labour-saving devices have not brought about the emancipation of women, for where there was once what he calls a genuine female culture – 'Le métier de femme, l'artisanat domestique et les techniques de la maternité constituaient une véritable "culture", avec son système de valeur propre et son échelle de maîtrise' – it is, like Basque and Breton culture, rapidly disappearing. The choice is between, on the one hand, imitating male careers and, on the other, either adopting careers traditionally considered female employment or resigning themselves to being the consumers of 'les objets, parfums, onguents de la "féminité" ', both of which activities make women simply the 'objet du désir de l'Autre'. In all three cases, it is a question of 'n'être rien par soi-même'. Contemporary disquiet among women, we are told, reflects essentially a loss of identity: 'Le problème est un problème d'hégémonie, mais bien davantage encore d'identité; il y a un degré de la sujétion, de l'oppression, où la victime se voit aussi dépouillée de son identité: de sa langue, de ses techniques, de ses valeurs propres.'

La Dentellière is not just the story of Pomme. In varying degrees it is about the lives of three women: Pomme, her mother and Marylène. (And behind them, of course, a mass of un-named women, some of whom may even become readers of Lainé's novel.) All three accept passively their domination by men, and all three are as a result treated badly. They are all, in their different ways, illustrations, and victims, of the attitude summed up by the mother's mechanical utterance of the phrase 'A vot' service'. Together, they imply a view that society is well and truly static; the epithets *lisse et ronde* applied to Pomme's mother are applied to Pomme in her turn. In this respect, *La Dentellière* is a further ironic rejoinder to the euphoria that had been generated in 1968.[10]

The three women, like many of those described in *La Femme et ses images*, accept their roles as 'objet du désir de l'Autre' and have no existence beyond this role. The salon where Pomme and Marylène work is a location carefully chosen to reinforce this fact and to suggest how widespread among women such an attitude is. The lone male hairdresser, Jean-Pierre, is, significantly, much in demand: 'Elles se le disputaient pour qu'il leur tripote la tête.'

The characters are surrounded on all sides by advertising, in particular advertisements aimed at women. The influence of women's magazines, which is examined extensively in *La Femme et ses images*, is made abundantly clear. Fluently inauthentic, they contain the love-stories read by Pomme, the horoscopes read by the cashier, and visual illustration in abundance of the life-style Marylène hopes to experience. Marylène's dream-world, it should be noted, consists not only of action pictures but also of a series of glossy stills that come straight out of the magazines she reads: the various styles of dress and attendant personalities she hankers after; the friends' modernized farmhouse where she and Pomme celebrate the 14th July; the Club Méditerranée-style holiday in Morocco.

Having said that, *La Dentellière* is not simply the illustration of a sociological thesis. If that were all it was, it would seem purely run of the mill, especially to anyone who was tempted to conclude that *La Femme et ses images* does not probe very deeply, relying instead on a rhetoric that is familiar in the more journalistic reaches of French intellectual life. As a novel, *La Dentellière* owes its success to Lainé's ability to create a highly individual character and situations the reader continues to find expressive, not to say elusive, long after he has exhausted their sociological significance.

Pomme is at once unexceptional and remarkable. We know she is, in almost every respect, the most ordinary of women, yet such is Lainé's treatment of her that she becomes a figure of mystery possessing a fascinating appeal.[11] The very banality of her life and the unrelieved passivity that constitutes her attitude towards all that happens to her confer on her a kind of purity that cannot fail to surprise the inevitably more sophisticated reader. Some, however, may find it difficult to resist romanticizing her as a figure of saintliness. The comparison encouraged by the author is with a figure in a Dutch genre painting: 'Lingère, Porteuse d'eau, ou Dentellière'. The title (and the reference on p. 80) sways us in the direction of the lace-maker and is a thinly disguised reference to the painting of that name by Vermeer that hangs in the Louvre. (See the notes to p. 46). Such a comparison with the visual arts serves to remind us that the depth and beauty of a work of art are not intrinsic to its subject but the result of the artist's treatment of it. There exist more specific parallels between the painting and Lainé's text (see again the notes to p. 46), and the fact that Vermeer's lace-maker is of aristocratic descent adds further, pointed, significance to the comparison.

Pomme is even more silent a character than Félicité in Flaubert's story *Un Cœur simple*. Her relationship with words is seen by Lainé as 'un rapport difficile, un rapport surtout de désir ... Un psychanalyste parlerait d'"oralité".' He adds:

> J'ai souligné très souvent dans le livre combien Pomme était gourmande, cette espèce de besoin qu'elle a de manger des crèmes glacées, des pâtisseries. Pour moi, c'est très important parce que ça représente peut-être l'envers de son incapacité à s'exprimer. Elle absorbe là où, précisément, elle ne peut s'exprimer. Elle absorbe des sucreries là où les mots ne lui viennent pas. Vous direz que c'est peut-être de la psychologie de pacotille, mais c'est une dimension du personnage à laquelle je tiens.[12]

Much of the time the author views her from the outside. Occasional reference is made to a thought or modest desire she has, but the author is much more likely to be found musing on her state of mind, treating her as a phenomenon and thereby distancing her from himself and the reader. Paradoxically, Pomme is a character whose presence is felt principally as an absence. She appears to us as the lace-work of the *Dentellière*: its fascination derives from the fragile pattern of holes rather than the lace between them. Or, in the words of the narrator:

> Il n'y a peut-être pas d'écriture assez fine et déliée pour un être si fragile. C'est dans la transparence même de son ouvrage qu'il fallait faire apparaître la 'Dentellière'; dans les jours entre les fils: elle aurait déposé de son âme, quelque chose d'infiniment simple, au bout de ses doigts; moins qu'une rosée, une pure transparence.

As such, she is, in addition, the analogue of the literary text as Lainé sees it: 'Le texte apparaît dans les désordres et dans les feuilles de la trame narrative, qui n'est pas le texte même, mais simplement son support.'[13]

It is in the mystery that surrounds Pomme's character that resides the erotic appeal to which both Aimery and Marylène succumb. Unwittingly, though, the latter destroy their flimsy relationship with Pomme by attempting to remove the very source of her appeal: her difference. Although superficially quite unalike, both Aimery and Marylène attempt to force Pomme into the mould they have already created for themselves. Lending her a volume of d'Urfé's L'Astrée, a seventeenth-century novel most students of literature read heavily abridged in a slim pocket-sized edition, is one example of Aimery's frequently inappropriate behaviour. It does not seem unreasonable to suggest, however, that subconsciously such a destructive urge is stronger than any real desire for union. Witness Marylène's rancour when after her attempts to teach Pomme to use make-up, the latter remains 'aussi fraîche qu'avant'.

The narrator appears to have little sympathy for Aimery. 'Le futur conservateur', as he persists in calling him, is incapable of perceiving Pomme's true charm, even though he comes close to making the essential discovery. He maintains a calculating and at the same time almost indifferent approach to her seduction. His decision after her departure to rid his room of her presence by writing a novel that will turn her into a work of art is related in a way designed to arouse our indignation. Most reviewers of the novel.

however, have been content to leave the matter there but to do so is to ignore the significance of the final section written in the first person.

The reader is bound to ask why there is a sudden switch to the voice of Aimery himself. The question leads to further questions about the third-person narrative that forms the bulk of the *récit*. Although Lainé is careful not to provide any corroboration within the text for any of the hypotheses we may be encouraged to put forward, certain lines of thinking may be found particularly profitable. It becomes clear, for example, that although the two narratives are concerned to show Aimery's behaviour in a different light, they are both the product of a single consciousness. For although Pomme remains something of a mystery to the author of the third-person narrative, the latter has unimpeded access to the character of Aimery. So it is no surprise to find Lainé admitting elsewhere that 'le personnage d'Aimery est une sorte de double de l'auteur'.[14] The implications of such an avowal are considerable. Both narratives have to be seen for what they are: *fictions*. The existence of two fictional versions encourages us to view them both as distortions of something we shall never know and which paradoxically has never existed but which we have little difficulty in calling *reality*, though it might more accurately be termed the 'non-fictional'.

Hitherto the conventions of reading have led us to accept the third-person narrative as the 'truth'. We are now obliged to set aside these conventions and accept that it belongs to the realm of myth-making. For there too Pomme has been turned into a work of art. The author is guilty of the same crime as Aimery. It is true that her consciousness will never be penetrated by an outside observer, particularly when the author is male (this question occurs again in a slightly different form in *La Femme et ses images*), but, we may come to realize, the author has shown little attempt to understand Pomme, preferring to cultivate her as *un mystère*. Pomme is a mystery only to Aimery, Lainé and the reader. She has been made to appear thus by the author's skilful techniques.

Her enigmatic quality is, for example, achieved very largely by the almost total suppression of direct speech and thoughts, which however sparse would undoubtedly create a different effect on the reader if reported directly. She is presented in this way so that the reader may better appreciate the arrogant insensitivity shown by Aimery (and doubtless all members of the male sex). It is of course only too easy to be blind to the qualities of those whose cultural backgrounds are different. But by the very fact of making her a literary character, the author is endowing her with qualities her equivalent in life, were she to exist, would never possess. Supposing such a character did exist – and the seriousness of Lainé's subject-matter encourages us to make this supposition – she would need to be understood, unromantically, in terms of her situation as she herself experiences it. *La Dentellière* is, then, a salutary demonstration of the inevitably solipsistic nature of all literary worlds. We begin by seeing what we are prepared to accept as a real person. By the end of a careful reading, this character has been dismantled and revealed as an empty fiction pointing back to the personality of her creator. Such is Lainé's subtle approach to the presentation of her character, however, that Pomme survives in our imagination long after she has been revealed for what she is.

For his part, the author does not wait until this change of narrative voice before bringing into play his awareness that Pomme is merely a character in a fiction. At the same time as he commits himself to presenting her as a symbol of the natural perfection which Aimery's lack of simplicity prevents him from seeing, there are signs that point unobtrusively to his recognition that Pomme is pure invention and, worse still, drawn by him in an exceedingly tendentious manner. Yet, unlike the more intransigent *nouveaux romanciers*, he does not allow this realization to operate a radical subversion of the fiction; he does not allow it to destroy irremediably the illusion he has so skilfully created. Instead, it is made to exist in a state of tension with his readiness to suspend disbelief and treat his heroine as a character from life. Pomme is left in existence, it is her presentation (and therefore the question of her true nature and worth) that is constantly thrown into question. He knows she is the product of his myth-making imagination, but he cannot decide whether his portrait of her is a long way from the truth or whether she really is in some ways an exceptional woman. Hence the carefully chosen epigraph from Musil, with its perplexed interrogation: 'un flocon de neige égaré en plein été, est-il réalité ou rêve, est-il bon ou mauvais, précieux ou sans valeur?' There can be no answer, not just because there is no reality anterior to the fiction, but because such questions reflect sets of values that cannot be equated. The author's inability to decide on the qualities of Pomme is yet one variation on the age-long war between the symbolic and the literal. Neither can be given supremacy.

Lainé's often almost imperceptible oscillation between belief and disbelief is, then, more than an illustration of a crude opposition between literature and life. It is designed to reveal how such uncertainties reflect the difficulty of knowing what status to give our judgements and interpretations. As a result Lainé can be said to use fiction to deconstruct a notion of reality in order to replace it by an infinite number of incomplete and subjective views of reality that are destined to remain such and are therefore the inevitable location both of misunderstandings and a lack of confidence in all interpretations offered.

The disruptive effect of the transition to a first-person narrative and the reflections on the text this encourages have already provided illustration of the 'self-conscious' nature of Lainé's writing. Yet many more obvious examples of the author's constant concern with the nature of his own composition are apparent from the earliest pages, and they indeed prepare us for some of the conclusions I have already drawn. The story has hardly begun when the narrator intervenes to comment on what he is writing. The comments fulfil various functions. When, for example, he says: 'bien sûr Pomme n'allait pas jusqu'à se dire vraiment toutes ces choses', he makes us aware of the difficulty of writing about such a silent and inarticulate character, and the constant temptation to attribute to her thoughts or speech she is probably incapable of formulating. The long intervention beginning 'Ici l'auteur pourrait s'appesantir un tantinet ...' (p. 47) evokes the way a fiction can so easily propel itself along the lines already drawn by the stereotypes of the genre. It thereby makes us aware of any tendency we may have to sentimentalize Pomme's situation. And together with the statement that this story is not really a story at all because Pomme and her mother have no place in a work of fiction, whether it be a conventional novel or an introspective *récit*, it suggests that the interest of this text lies precisely in the way it refuses to become in every respect the novel the exposition has led us to expect. In other words, on occasions such as these, *La Dentellière* defines itself in terms of what it is not. Other interventions, for example the long description of Marylène that is finally rejected by the author as implausible and replaced by another, stress that certain choices he has made are quite arbitrary; he could easily have called a character by a different name or talked about him or her in a different way.

The overall effect of these devices is to remind us that the story is purely imaginary and, more interestingly, to keep us close to the tentative nature of the creative act, causing us to experience the interplay between a spontaneous proposal by the writer's imagination and the reaction of his critical intelligence.

The novel is also a 'self-conscious' illustration of the author's awareness of the way character is shaped by the type of narrative language adopted. In order to avoid the trap of making his character an obvious extension of his own consciousness simply through the use of a language that is personal to him, Lainé makes blatant use of a highly artificial style. It is a strange mixture of language that is variously colloquial, casual and deliberately banal, and turns of phrase that illustrate both incisiveness and poetic invention.[15] It is, in other words, a 'rhetorical' style conceived in terms of the effects it will create rather than to express the author's personal vision. The opposing elements cancel each other out and the author appears a detached, neutral figure concerned only with the techniques and function of his composition. It is at the same time a style that is most appropriate both to Pomme's reticence and the ambiguity surrounding her character.

The author achieves further detachment by incorporating in his narrative, with no apparent justification, parodies of a number of non-literary styles. Thus, at one time or another, the novel continues in the language of the travel brochure, the accident report, the film scenario, the small advertisement. The narrative also parodies itself through its spasmodic use of an almost facetious tone, satirical comments that are deliberately heavy-handed and the accumulation of pointless descriptive details, the last example most probably representing at the same time a parody of the *nouveau roman*. The use of these heterogeneous and, from a traditional standpoint, inappropriate styles reflects the impossibility of finding a narrative language that will allow an authentic illusion of Pomme as an independent three-dimensional character. If the author is to be honest he is condemned to create only a web of words around a centre that is left untouched. She belongs to a different world. For a writer of Lainé's background there is here nothing to be seen, therefore nothing to be faithfully represented in language. In the words of the epigraph Pomme is 'un être qui ne peut ni parler, *ni être exprimé*' (my italics).

In yet another set of 'self-conscious' devices, the reader is treated to an ironic refusal of omniscience, a blatant use of contradictions, and a pretence by the author that he does not know, for example, whether Pomme and her mother live in Suresnes or Asnières. Once again these devices do not represent a gratuitous exhibition of an author's freedom to behave as he likes. They question the desirability of an author arrogating to himself powers that no human being has in life. When placed alongside these instances, some of the descriptions in the novel that might seem to imply omniscience may also be found to call attention to themselves as purely conventional. It seems likely that Lainé's purpose here is to reveal that he, like any other writer of course, has simply included, say, the sort of furniture one might expect to find in a particular type of apartment. The effectiveness of the description does not depend on our believing that this is an example of omniscience but on our realization that the details in the description have significance. Certain changes of detail might well take place without the essential significance of the passage being in any way altered.

This highly 'self-conscious' writing does not, however, simply have the effect of making the reader think about the conventions of the author's chosen genre. It has the important role of creating the impression that this is by no means a unique story. The medley of different styles and the implication that the precise details of the story are unimportant convey successfully the impression that there exist infinite versions of the same basic situation. (Lainé might well have adapted for his own use Flaubert's claim: 'Ma pauvre Bovary sans doute souffre et pleure dans vingt villages de France à la fois, à cette heure même'.) It is this generalizing dimension of Lainé's fiction, together with the abrupt transition to a first-person narrative in the final section, that is responsible for *La Dentellière* being not just the story of Pomme and Aimery but a novel about the author, and us his readers as well, for ultimately it is not about distinct individuals, it is about attitudes and behaviour that Pascal Lainé believes are widespread in the society in which we live.

AFTER 'LA DENTELLIÈRE'

Si on partait (1978) bears the dedication 'en hommage à l'auteur des *Fleurs bleues*'. A fragmented, humorous text, it is indeed a worthy tribute to Raymond Queneau. The focus alternates between several apparently unlinked narratives, and there is much witty and learned use of literary 'self-consciousness'. Eventually the reader realizes that Bardamu and Laverdure, the two road-workers with whom the novel opens, are simply characters in a book of dictations composed by a primary-school teacher who is also a would-be novelist. Similarly, the story of Jeannot and Julie turns out to be the novel the schoolmaster is trying to write. Behind the two narratives, there is a first-person narrator who tells of his childhood and schooling. The reader is thus treated to a dazzling shift from one highly distinct narrative style to another. Yet, as Jean Duvignaud rightly pointed out in his review (*La Nouvelle Revue Française*, 1 July 1978), *Si on partait* is not simply a work of humour. In the pages that contain the narrator's autobiography there is a very different tone, one that recalls the anguished writing of B. in *B. comme Barabbas*: 'Lainé écrit un roman du ressentiment. Pas le ressentiment épidermique. Le ressentiment presque tragique et métaphysique qui prend racine dans l'être même et la morne enfance d'un bambin ballotté entre des parents qui ne s'aiment guère et dans les sombres pièces d'appartements "bourgeois".'

In 1979 Lainé published two very different novels, *Tendres cousines* and *L'Eau du miroir*. The first continues the playful side of *Si on partait*. Untainted by the more sombre strain in Lainé's writing, it is an unashamed attempt at a modern *roman libertin*. (The names Julien and Julia refer back, parodistically, to the Marquis de Sade's Justine and Juliette.) It is 1939. A sixteen-year-old boy home from boarding-school encounters a group of strange characters in his parents' château, which reversals in the family fortune have turned into a *pension* for gentlefolk. A work of pure fantasy, it is essentially the story of the boy's sexual initiation. Lainé's reputation as a significant novelist will obviously depend on his more serious novels, but *Tendres cousines* is an uproariously funny book and an appropriate reminder of the author's versatility. A film version directed by the British photographer David Hamilton appeared in December 1980.

Tendres cousines is set, playfully, in an avowedly Proustian setting in the Île de France. ('Julien reconnut au loin les coteaux de Guermantes, et la petite église de Vinteuil: on arrivait à Saint-Loup'.) Once again, the reader is treated to the 'self-consciousness' that Lainé seems unable to resist. In *L'Eau du miroir* the presence of another Proustian setting, Venice, recalls only that author's pessimistic treatment of love. A man whose marriage has broken up finds himself in Venice, where he had spent his honeymoon. The result is a harrowing text in which past and present are confused. The emotional effect of the subject-matter is no longer muted by an assortment of distancing devices.

To date (the end of 1980) *L'Eau du miroir* is Lainé's latest novel but three fragments of his next work of fiction, provisionally entitled *Koniec*, have been published in *La Nouvelle Revue Française*. Also announced is a collection of interviews with Jérôme Garçin of *Les Nouvelles littéraires*. A television drama *La Jeune Fille du premier rang* is scheduled to be screened in spring 1981.

THE FILM OF 'LA DENTELLIÈRE'

Lainé declared himself pleased with the film, describing it as *un tournage réussi*. It is a film that seeks to make good use of the possibilities of its own medium rather than attempt to be as faithful as possible to the letter of the original. It was therefore inevitable that the film should present considerable differences of emphasis from the book.

Although there is much in Lainé's text that recalls the embryonic nature of a film scenario – Lainé has observed that 'l'écrivain de gauche est un cinéaste' – the task of translating it into cinematographic language created significant problems. As Lainé himself revealed: 'A l'épreuve, Goretta et moi, on a eu beaucoup de mal avec le livre. D'abord du style extrêmement ramassé.' Many of the ambiguities surrounding Pomme as a *literary* character obviously cannot be carried over into the cinema. On the screen, Pomme's existence cannot be doubted. She is also obliged to say more than she does in the novel. As a result, she loses much of her mystery, and Vermeer's painting no longer has a part to play in our appreciation of her distinctiveness.[16] Furthermore, Lainé was aware that 'le cinéma est un langage plus rude que le langage littéraire, plus carré'. Much effort was necessary, therefore, in order to prevent the themes from appearing too emphatic. The social theme – the thesis of *La Femme et ses images* – is deliberately underplayed. No reference is made, for example, to the mother's past as a prostitute. On the other hand, there were other situations in the text that were felt to be in need of expansion in the film. Aimery (renamed François in the film) is given as friends two student couples, and their presence is responsible for new material. The scene with Aimery's parents occupies very little space in the novel; in the film it is developed into a lengthy episode. As for François himself, Lainé agrees that he is more *noirci* than Aimery. He gives as the reason the fact that François can no longer be 'une sorte de double de l'auteur':

> Au cinéma on ne peut pas respecter cette duplication de l'auteur dans son personnage. Alors, évidemment, ça devient beaucoup plus sombre. Le problème du cinéma, en général, c'est qu'on bascule dans le réalisme. De même Pomme devient beaucoup plus romantique à l'écran.[17]

NOTES TO THE INTRODUCTION

1 'Mon père, qui était minotier, était pour moi un très vieil homme, un être mythique que j'identifiais aux patriarches. Je me sentais plus près de ma mère. A la vérité j'ai grandi entouré de femmes. Cette éducation m'a donné à penser que le fait d'être un homme ne comportait pas forcément un privilège' (*Paris-Match*, 30 November 1974).

2 'J'enseignais Marx, Lénine, la pensée de Mao. J'invitais mes élèves à fumer, à mal se tenir, à mal répondre, à se révolter. J'ai incité mes élèves à créer un journal dans le lycée. Je ne participais que pour corriger mes [*sic*] fautes d'orthographe' (ibid.). These were the years 1968–9 and 1969–70.

3 André Gide, *Journal des Faux-Monnayeurs* (Paris, Gallimard, 1927), p. 73.

4 'Je ne sais pas au juste si je me hais à travers la bourgeoisie ou si c'est à travers moi que je hais la bourgeoisie. Ce que j'appelle la bourgeoisie. Je n'ai jamais su me remettre tout à fait de mon enfance gâtée et je la hais; je la regrette aussi. On a fait de moi un être précieux et dérisoire' (*Paris-Match*, 30 November 1974). It should be noted, however, that this is a quotation from *L'Irrévolution*.

5 See Alain Robbe-Grillet, *Pour un nouveau roman* (Paris, Gallimard: *Idées*, 1963).

6 As reported by Jean Freustié (*Le Nouvel Observateur*, 25 November – 1 December 1974).

7 In the interview published in the Rombaldi edition of *B. comme Barabbas*.

8 ibid.

9 Malcolm Bowie, 'Jacques Lacan' in *Structuralism and Since*.

From Lévi-Strauss to Derrida, edited by John Sturrock (Oxford, Oxford University Press, 1979), p. 122.

10 A reference to the first man to walk on the moon situates the novel in 1969.

11 Philippe Jaccottet talks of her 'nom si bien trouvé et qui n'est peut-être qu'un nom, une jeune fille ronde, saine, pleine et humble comme ce fruit'. John Weightman observes: 'Although the daughter of an ex-prostitute, Pomme has the natural freshness and wholesomeness suggested by her name. She is neither scheming Eve nor the Apple of Knowledge, but rather a pure Fruit of Innocence whom the thoughtless hero bites into without properly foreseeing the consequences.' (For details of these and subsequent references to reviews of *La Dentellière*, see Bibliography.)

12 In the interview published in the Rombaldi edition of *La Dentellière*.

13 In the interview published in the Rombaldi edition of *B. comme Barabbas*.

14 In the interview published in the Rombaldi edition of *La Dentellière*.

15 As Jean Decock observed, 'le ton mi-littéraire mi-pop mêle l'imparfait du subjonctif aux vulgarités modernes'. But note Poirot-Delpech's objection (p. 128). In his review, Jaccottet recalled the way Cocteau and Giraudoux have dated: 'rien qui vieillisse plus vite que l'ingéniosité des virtuoses.' Decock, while recognizing Lainé's 'tournant facile et réussi vers la satire sociale fine', felt it necessary to add: 'mais son Cabourg est plus proche d'Anouilh que de Proust.'

16 None the less, Lainé informs us (see interview in the Rombaldi edition): 'Chaque fois qu'on a pu le faire, soit dans le dialogue, soit dans les situations, on a essayé d'introduire un élément un peu insolite, légèrement équivoque, pour tenter de briser le gros fil dramatique.'

17 ibid.

BIBLIOGRAPHY

WORKS BY PASCAL LAINÉ

All the works listed below were published in Paris.

Novels

B. comme Barabbas, Gallimard, 1967.
——new edition, preceded by an interview with the author, Rombaldi: *Bibliothèque du temps présent*, 1975.
L'Irrévolution, Gallimard, 1971.
La Dentellière, Gallimard, 1974.
——new edition, preceded by an interview with the author and followed by extracts from the film script, Rombaldi: *Bibliothèque du temps présent*, 1978.
Si on partait, Gallimard, 1978.
Tendres cousines, Gallimard, 1979.
L'Eau du miroir, Mercure de France, 1979.

Sociology

La Femme et ses images, Stock, 1974.

Fiction in Reviews

Seul contre tous, I and II, *Nouvelle Revue Française*, **327** and **328**, April and May 1980.

Suicide, ou assassinat, ibid., **334**, November 1980.
(Three extracts from forthcoming novel provisionally entitled *Koniec*.)

Articles and Essays (Selection)

'Jacques Lacan, lecteur de Freud', *Magazine littéraire*, **12**, November 1967.
'Petit Lacan illustré', *Les Cahiers du chemin*, **13**, 15 October 1971.
'Art et politique sous Louis XIV' in J.–P. Aron, *Qu'est-ce que la culture française?* Denoël:Gonthier, 1975.

Interviews

Jean-Louis Ezine, 'Sur la Sellette, Entretien avec Pascal Lainé', *Les Nouvelles littéraires*, **2462**, 2 December 1974.
'Une Génération qui cherche ses sources', *Les Nouvelles littéraires*, **2522**, 4 March 1976.

FURTHER READING

Some Articles to Consult

Garcin, Jérôme, 'Pascal Lainé' in *Dictionnaire de littérature française contemporaine*, edited by Claude Bonnefoy, Tony Cartano and Daniel Oster, Delarge, 1977.
Jaudel, Françoise, 'L'Aliénation reçoit le Goncourt', *Paris-Match*, 30 November 1974.
Maillard, Lucien, 'La Révolution récupérée', *Les Nouvelles littéraires*, **2306**, 3 December 1971.

Selection of Reviews of 'La Dentellière'

Bourniquel, Camille, *Esprit*, April 1974.
Cunningham, Valentine, *New Statesman*, 6 August 1976.
(Review of the English translation by George Crowther, London, Abelard, 1976. N.B. translation unreliable.)

Decock, Jean, *French Review*, XLIX, 1975-6, pp. 300-1.

Duvignaud, Jean, *Le Nouvel Observateur*, 18-24 March 1974.

Freustié, Jean, *Le Nouvel Observateur*, 25 November – 1 December 1974.

Jaccottet, Philippe, *La Nouvelle Revue Française*, June 1974.

Kanters, Robert, *Le Figaro littéraire*, 16 March 1974.

Nourissier, François, *Le Point*, 18 March 1974.

Poirot-Delpech, Bertrand, *Le Monde*, 15 February 1974.

Sändig, Brigitte, *Weimarer Beiträge*, 1976, pp. 154-65. (Review of the German translation.)

Venault, Philippe, *Magazine littéraire*, June 1974.

Weightman, John, *The Observer*, 5 January 1975.

Wright, Barbara, *Times Literary Supplement*, 3 January 1975.

LA DENTELLIÈRE

Jan Vermeer, *La Dentellière*
(Cliché des Musées Nationaux – Paris)

Un être qui ne peut ni parler ni être exprimé, qui disparaît sans voix dans la masse humaine, petit griffonnage sur les tables de l'Histoire, un être pareil à un flocon de neige égaré en plein été, est-il réalité ou rêve, est-il bon ou mauvais, précieux ou sans valeur?

ROBERT MUSIL,* *Tonka.*

8.7.72.

I

L'histoire commence dans ce département du nord de la France qui est en forme de betterave sur les cartes.*

L'hiver, ils voyaient juste une boursouflure, ceux qui arrivaient en auto.* Une cloque sur l'horizon. Perpétuelle fin du jour quand les arbres ont leurs nudités noueuses au bord des champs.

Les maisons du village sont de brique, sans étage. Entre les deux alignements la route se rabougrit, mais ce n'est quand même pas une rue malgré les trottoirs asphaltés et minutieusement laqués d'habitude par la pluie. Les autos tracent un double sillage dans la boue des betteraves écrasées. Les camions font la même chose.

A la sortie de l'école c'est l'écoulement des petits enfants encapuchonnés dont le menu désordre se résorbe bien vite, canalisé de part et d'autre de la chaussée et des giclées de légumes. Autrement le village était calme l'hiver. Le soir des chiens se faufilent d'une obscurité à l'autre. Ou bien c'est le chuintement d'une bicyclette, simple notation du silence, dont l'espace s'agrandit peu à peu dans l'intervalle chaque fois plus profond entre les séismes familiers des semi-remorques.

C'était un village d'ouvriers mais l'usine avait cessé de fonctionner. Il en restait la carapace de brique et de fer.

Tout de même, l'été c'était plus marrant. Il y avait de longs moments de soleil et la route était propre. Dans les petits jardins des pommes de terre poussaient. On mettait le linge à sécher dehors. Dans les interstices entre les maisons il y avait des sentiers pleins de bouteilles vides. Le soir, quand ils descendaient de l'autocar les gens après le travail à la ville, ils s'attardaient un peu. Ils se laissaient chauffer au soleil en train de disparaître dans un rougeoiement de la route nationale. La nuit venait. Le ciel prenait une teinte de ciment frais et faisait un mur parfaitement lisse où la grosse ampoule de la lune pendait.

Vers dix-neuf heures trente* on rentrait pour regarder la télévision.

Pour les enfants c'était le temps des grandes vacances sur les trottoirs et des manœuvres plus ou moins abortives dans des coins derrière les maisons.

Il y avait une place à l'intersection de la route et d'une voie départementale. La route avait la priorité. L'église se trouvait là. Et puis le monument aux morts et des bancs pour s'asseoir autour. Des petits vieux et des petites vieilles venaient quand il faisait beau. Ils posaient sur les bancs leurs tranquilles recroquevillements* à tricoter ou lire un journal. Il y avait aussi deux ou trois gamines, généralement les mêmes, assises face à la route qui avait la priorité. Elles regardaient les voitures et les camions qui passaient. L'une d'elles était Pomme.

Voici maintenant la maison de Pomme et de sa mère. D'abord une grande pièce avec une table assez longue peinte en blanc. Sur la table une toile cirée avec des roses jaunes à cause de l'eau de Javel (il y a aussi des bavures jaunes qui représentent les feuilles du bouquet. Il y a des trous de cigarettes qui ne représentent rien).

Il y avait des chaises peintes assorties à la table et d'autres qui n'étaient pas assorties. Et puis un vaisselier.

On pouvait se calfeutrer et faire ronfler le poêle, on pouvait même se mettre en pantoufles, en robe de chambre, on se sentait malgré tout à portée vibratoire, quasi tactile, des énormes roues des camions. Ça déboulait dehors, à quelques mètres. Il restait à cause d'eux un je-ne-sais-quoi d'entrouvert dans cette maison en manière d'accotement de la route.

De chaque côté de cette pièce qui sera donc la pièce principale, une petite chambre. Dans la première une armoire à glace et un lit, cuvette molle d'où les rêves comme on dit devaient s'écouler sans méandre jusqu'au caniveau. Au pied du grand lit, un lit d'enfant à barreaux. Les barreaux étaient de fer chromé ou bien rouillé selon les endroits.

Pomme dormait dans la seconde chambre, celle qu'on n'a pas décrite, depuis qu'elle était trop grande pour le lit à barreaux.

C'est parce qu'elle avait les joues rondes qu'on l'appelait Pomme. Elles étaient aussi très lisses, ses joues, et quand on en parlait devant elle, de ses joues, tellement elles étaient lisses et rondes, ça les faisait même reluire un peu.

Elle avait encore d'autres rondeurs maintenant, où les garçons du village, à défaut du poète malheureusement étranger à toute cette histoire, commençaient d'apercevoir un panier de fruits.

Mais elle n'avait pas besoin du poète, Pomme, pour être bien harmonieuse à sa manière. Peut-être pas vraiment belle. Elle n'avait pas cette intéressante fragilité des toutes déliées jeunes filles dont l'épiderme ferait frais et limpide un gentil rince-doigts si on pouvait quand on les regarde seulement. Au contraire la main était non grossièrement mais solidement attachée à l'avant-bras, celui-ci au bras et ainsi de suite selon toute vraisemblance.

Plénitude n'est pas le mot pour une fille de cet âge (disons quatorze ans), et pourtant elle donnait tout de suite, cette enfant, une impression de plein: qu'elle fût affairée ou bien assise, ou bien étendue, immobile, à rêver, qu'elle eût les yeux clos et les lèvres entrouvertes et que son esprit se fût écarté d'elle pour quelque somnolence, la présence de son corps régnait dans toute la pièce. Elle était tout juste achevée,

Pomme, mais parfaitement homogène, d'une extraordinaire densité. Elle devait être ferme et charnue son âme aussi. Ce n'était pas de ces êtres dont la présence se résorbe dans l'abstraction du regard ou de la parole; ses gestes, ses occupations même les plus futiles la réalisaient dans une sorte d'éternité de chaque instant. Ici elle met la table, là elle lave le linge, elle écrit ses devoirs d'écolière (avec une attendrissante application), et ces attitudes, ces manières d'exister, émanent d'elle suivant une toute naturelle nécessité, dans un monde rendu paisible.

Ses mains brèves devenaient fébriles quand elle s'exerçait à tricoter: ça se détachait presque d'elle, mais sans rompre en elle l'unité de la finesse et d'une certaine massivité. Sa tâche, n'importe laquelle, devenait immédiatement cet accord, cette unité. Elle était cette fois-là comme les autres le sujet d'un de ces tableaux de genre* où la composition, l'anecdote suscitent leur modèle comme enchâssé dans son geste. Cette manière qu'elle avait, par exemple, de pincer entre ses lèvres les épingles à cheveux quand elle refaisait son chignon! Elle était Lingère, Porteuse d'eau, ou Dentellière.*

Pomme avait peut-être hérité ces dispositions de sa mère, qui servait dans un bar de la ville. Elle répondait mentalement 'A vot' service', sa mère, toutes les fois qu'un Monsieur la faisait monter dans la chambre au-dessus. Car elle était serveuse aussi dans ce sens particulier du terme, et la même exactement à l'entresol qu'au rez-de-chaussée, debout ou bien à quatre pattes, toujours simple et spontanée, comme sa fille. Chez l'une ou l'autre le consentement de toute la personne à sa pose était le même: et la pose pouvait devenir posture dans la chambre au-dessus du bar, c'était toujours selon le même mouvement naturel, univoque et d'une véritable pureté en dépit de tout. Mais elle n'enlevait pas ses chaussures, la serveuse, à cause des échardes au plancher. C'était sa seule réticence dans la vie.

Pomme et sa mère se ressemblaient encore par leur

humeur toujours égale. Elles acceptaient tout simplement les joies et les déboires que le sort leur distribuait d'ailleurs sans profusion. Elles et leur petite maison au bord de la route faisaient un bras mort de l'existence, la lumière silencieuse d'une fenêtre juste à côté de l'écluse où d'autres existences s'affairaient à passer.

Pomme ne parut ni surprise ni troublée par les premières manifestations de sa féminité, dont personne ne l'avait prévenue. Elle changea et lava elle-même ses draps, sans se cacher mais sans rien dire non plus, comme un chat recouvre de terre ou de sciure les saletés qu'il vient de faire. Sa mère la vit occupée à cet effacement méticuleux mais sans alarme, et la petite fille écouta ses explications avec juste assez d'intérêt pour qu'on crût qu'elle les avait elle-même demandées. Pomme était ronde et lisse intérieurement comme au physique: aucune aspérité ne venait contrarier le cours des choses sur elle.

(Ici l'auteur pourrait s'appesantir un tantinet sur le problème de la cohabitation de la fillette avec cette mère qui se livre à la prostitution. Il pourrait évoquer les veilles, les heures d'attente épaissies de sourde honte de l'enfant jusqu'au retour au milieu de la nuit de la femme, à la démarche lasse et presque martelée, aux yeux stupéfaits de fatigue et de dégoût, croisés dans l'entrebâillement de la porte à la lueur pâle et douloureusement inquisitive du regard de la petite fille. Il faudrait parler aussi des quolibets et des allusions, ou pareillement des silences en forme de stylets dont Pomme échouerait à déjouer les mauvaises embuscades, dans la rue du village, et qui blesseraient son âme de coups à chaque fois plus précis et plus profonds. On se figurerait l'âcre destin de cette enfant, et le roman pourrait être l'histoire de ses dégradations ensuite, à la mesure de sa candeur initiale.)

Or les choses étaient bien différentes. D'abord elles avaient le privilège, Pomme et sa mère, de cette sorte d'innocence qui ne cache pas la réalité, mais la rend au contraire si transparente que le regard manque à s'y arrêter. Il n'y a donc pas d'intérêt à savoir si Pomme 'soupçonnait' la condition de sa mère. Pomme n'était pas apte au soupçon. Pourtant il n'était pas indifférent à son destin (si on peut affubler du mot 'destin' cette âme de simple fortune) que sa mère fît la putain dans un bar de la ville; d'autant plus qu'il arrivait à cette femme sans détour* de s'abandonner à l'évocation devant sa fille des Messieurs de la chambre. Cette situation et les propos que lui tenait sa mère, si bizarres au cœur de leur banalité (il n'y avait rien là que de très anodin et qu'une honnête femme eût pu dire à son enfant dans les mêmes termes exactement), faisaient concevoir à Pomme une très grande considération pour la qualité de 'Monsieur'. Elle ne la voyait pas, cette qualité, sur les mâles du village (par exemple quand elle allait à l'école ou qu'elle en revenait). Ceux-là devaient avoir en plein milieu d'eux cette chose anarchique, résumé de tous les dépenaillements* de la terre, odeurs de vin, grèves, cortèges de 1er Mai, et autres désordres qu'on nous montre quelquefois aux actualités télévisées. Elles avaient un voisin, Pomme et sa mère, qui terrorisait comme ça les enfants du village, jusqu'au milieu de la chaussée quand il était bien saoul. Pomme l'avait vu, son sexe. Les Messieurs de la ville ne pouvaient pas être faits comme ça. La preuve c'est que les Messieurs étaient notaire, pharmacien, industriels, commerçants. En fait de bestialité ils avaient des montres et des chevalières en or, et puis des gros carnets de chèques. C'est avec ça qu'ils éventraient les filles pendant que leurs femmes se ménopausaient tout doucement à la maison (bien sûr Pomme n'allait pas jusqu'à se dire vraiment toutes ces choses).

Elle s'asseyait sur un banc de la place, l'été, à laisser flotter une attention vague sur les conducteurs dans leurs voitures, si proches l'instant d'avant d'être précipités dans la nationale jusqu'à l'horizon, et lointains alors comme les Messieurs aperçus à travers la vitre des paroles de sa mère.

On vivait au jour le jour, de la même vie que les autres au bord de la route, à quelques détails près. La mère de Pomme n'achetait pas ses robes dans la camionnette qui passait le mardi et le samedi. Elle allait dans les magasins. Elle se maquillait. Elle fumait. Elle écrasait ses mégots sur le tapis des cabines d'essayage. Elle se moquait bien de ses robes, qui s'entassaient en chiffons dans l'armoire à glace. Extraordinaire inattention de cette femme aux choses, indifférence qui touchait, dans ses excès littéralement ruineux, à la pureté. Ce n'est pas un mobilier qu'elle avait dans sa maison, mais un rassemblement d'objets poussiéreux, morts, vidés, même de leur nom, extraits à l'instant du camion de déménageurs et déposés sur le trottoir dans des promiscuités sans grâce.*

L'idée qu'elle aurait pu devenir riche en économisant, en plaçant son argent, impliquait qu'elle tirât parti de possibles avantages de sa condition. Mais il aurait fallu faire des calculs, des réflexions, faire autre chose que vivre seulement les minutes absolument passives de la chambre au-dessus du bar. Elle était incapable de telles préméditations.

Pomme était encore toute petite quand il avait quitté la maison, son père. Elle l'avait sans doute oublié. Ni elle ni sa mère n'en parlaient jamais.

Avant de disparaître complètement il avait eu des éclipses déjà. On ne savait pas où il partait, ni pour combien de temps. Parfois trois jours, quelquefois six mois. Il ne disait rien avant. De ces gens qui se perdent en allant acheter une boîte d'allumettes, parce qu'il y a une autre rue après la rue du tabac, et puis une autre après. On n'a jamais tout à fait fini le tour du pâté de maisons quand on y réfléchit bien.

Il était d'humeur très douce le père de Pomme. Pas un mot plus haut que l'autre et toujours le minimum de mots. Il réfléchissait en silence, une rêverie chassait l'autre. Il était gentil avec sa femme. Il aimait bien jouer avec sa fille, entre deux méditations, il n'avait pas besoin de parler. Et puis il partait. Il envoyait des mandats quelquefois, mais pas de lettre, jamais d'explication. Les choses dont il faisait le tour n'étaient pas susceptibles d'explication. Et la mère de Pomme n'avait pas songé à se rebeller contre ce comportement trop profond. Elle devait bien l'aimer, son mari, d'une absence l'autre,* mais si elle s'en était émue, de ces absences, elle n'en avait rien laissé paraître. C'était un homme qui s'en va, son mari, par la même fatalité qui faisait du mari de sa voisine 'un homme qui boit'. Un peu comme nous dirions: c'est un homme jovial, ou c'est un homme coléreux.

Ainsi 'l'homme qui part' à la fin était parti pour de bon, et sans aucun doute possible car il avait dit 'je pars': ce soin tout inhabituel signifiait clairement que son départ était définitif. Pas qu'une simple hésitation tout compte fait à rentrer par le chemin le plus banal. Sa femme l'avait aidé à rassembler toutes ses affaires, qui ne tenaient pas dans l'unique valise de la maison. Elle avait trouvé un gros et solide carton pour y fourrer le reste. Elle avait réveillé la petite pour qu'elle dise adieu à son père.

Elle n'imaginait pas plus de divorcer, de réclamer une pension alimentaire, par exemple, que de conduire une voiture. On pouvait aussi bien prendre le car pour se déplacer. Il lui suffisait de vivre sa situation, autrement ç'aurait été trop compliqué.

Donc elle resta seule avec sa fille et personne pour arracher les pommes de terre, sans broncher devant cette difficile tournure de son destin. Comme elle n'avait pas trente ans alors et que sa crinière jusqu'aux reins avait quelque chose de fruste et de fort, elle trouva cette place de 'serveuse' aux conditions qu'on lui expliqua, qu'elle se fit répéter, et qu'elle accepta d'un hochement de tête après une demi-minute de blanc, dans sa conscience, avant que ne se forme le noyau parfaitement lisse et rond, parfaitement homogène, du premier 'A vot' service' de sa nouvelle carrière.

C'est peut-être bien ici qu'il faudrait suspendre cette histoire qui n'en est certes pas une, qui n'en sera pas une car on se doute trop qu'elles sont de ceux à qui rien n'arrive,* Pomme et sa mère, à moins d'une improbable rupture de leur silence intime.

Elles ne sont pas aptes – c'est là leur espèce de force – à se blesser à l'événement qui les touche mais en glissant, en dérapant sur elles. Elles sont de ces arbustes qui trouvent toute leur terre dans la fissure d'un mur, dans l'interstice entre deux pavés; et c'est de leur végétalité qu'elles tiennent une vigueur paradoxale.

Ces sortes d'êtres dévalent leur destin selon les rebondissements de la longue mégarde que fait leur vie.* Ils n'essaient même pas d'esquiver les coups. On pourrait croire qu'ils ne les sentent pas, ce qui n'est sans doute pas vrai. Mais ils souffrent d'une souffrance qui ne se connaît pas, qui ne s'arrête jamais sur elle-même.

Il pouvait bien, le hasard, faire tonner par salves toute la batterie de ses banales catastrophes, le cheminement sans but mais terriblement obstiné de Pomme et de sa mère n'en aurait pas moins continué, infime, solitaire, muet et fascinant à la fin.

Mais alors Pomme et sa mère n'ont pas leur place dans un roman, avec ses grosses sophistications, sa psychologie, ses épaisseurs suggérées, pas plus qu'elles ne savent percer la surface de leurs propres joies ou douleurs, qui les dépassent infiniment, dont le sous-sol leur est incommensurable. Elles font la fuite minuscule de deux insectes sur le papier du livre qui les raconte. C'est le papier, l'important; ou bien les pommes de terre qui ont germé, ou encore les échardes sur le plancher de la chambre, à la ville! rien d'autre.

II

Voici Pomme dans sa dix-huitième année. Elle et sa mère habitent maintenant la banlieue de Paris, quelque part du côté de Suresnes ou d'Asnières. C'est dans un grand immeuble, escalier D, porte F. Ça s'appelle la Cité des Cosmonautes.

Ici on voit Pomme et sa mère assises côte à côte sur le divan de skaï noir. Elles sont immobiles. Elles ont le même regard blanc dans le même axe, qui pourrait être celui d'un objectif photographique. C'est l'écran de la télévision qui fait une lueur grise où les reliefs des visages s'estompent comme sur une vieille photo d'album. Là, Pomme est en train de lire un magazine, couchée à plat ventre sur son lit. Sa tête et le magazine sont légèrement décalés par rapport au reste du corps, du côté de la lumière de la fenêtre, secondée par une lampe de chevet à cause du grand mur pas loin de la fenêtre.

Elle feuillette plutôt qu'elle ne lit, Pomme. 'Soudain Giordano l'enlace. Elle voudrait protester mais elle éprouve une sensation nouvelle, inconnue, agréable, qui la trouble jusqu'aux fibres les plus intimes de son être. Ils se regardent et quelque chose naît en cet instant entre eux. Giordano sent une sorte de fluide passer de l'un à l'autre.... Un manteau d'étoiles resplendit sur eux tandis qu'ils s'acheminent lentement, la main dans la main.'

Depuis un an elles étaient installées, Pomme et sa mère, dans ce deux-pièces où commençait de se développer une vie nouvelle, avec des fleurs dans un vase et un porte-savon dans la salle de bains.

La mère de Pomme avait beaucoup changé. Elle portait maintenant des blouses de nylon blanc quand elle était à faire le ménage, ou bien à ne rien faire, ou quand elle vendait des œufs.

Elle vendait aussi des berlingots de lait, du beurre au quart ou à la motte, du fromage. Elle prenait son grand couteau à double manche, elle posait le tranchant sur la meule de gruyère selon la grosseur qu'on lui demandait, et elle se faisait confirmer: 'Comme ça, ou plus?'

Par quel hasard la voici maintenant crémière, la 'dame' du bar et de la chambre au-dessus? Dieu seul le saurait s'il était l'auteur de tout cela. Alors qu'on n'aille pas se poser la question!

La mère de Pomme se levait très tôt le matin. Elle aidait ses patrons à décharger la camionnette. Elle empilait les cageots vides sur le trottoir à l'intention des éboueurs. Puis elle prenait sa garde derrière l'étalage, le buste émergeant d'entre deux roues d'emmenthal.*

Elle s'en allait tard, le soir, après une génuflexion sous le rideau de fer que le patron tirait à moitié dans l'instant d'avant la fermeture (quand les clients devenaient des reptiles sous la dernière fente de lumière, qu'ils élargissaient en d'énormes orifices d'où elle voyait filer l'heure d'attraper son bus, la vendeuse. Et ça pour pas plus d'un quart de beurre, généralement, ou d'un demi-litre de lait.)

A la ville la mère de Pomme était un peu à la campagne, comme à la campagne elle avait été, si on peut dire, de la ville. Bien propre, toujours, mais finies les coquetteries. Elle portait des chaussures basses, elle n'avait plus jamais mal aux pieds. Et sur ses quarante ans elle retrouvait une manière de jeunesse paysanne, les joues pimpantes quand il faisait chaud. Mais la métamorphose n'était pas la plus importante au physique. Du moins pas la plus étonnante, telle avait été la bonne grâce de la dame à se défaire encore de ses oripeaux de petite vertu,* cette fois pour donner à voir l'épiderme, légèrement couperosé l'hiver, d'une crémière.

La vraie métamorphose c'était celle de la maison, des deux pièces au parquet vitrifié,* au mobilier tout neuf, de la cuisine où régnait l'ordre anguleux du formica.

Le soir, le canapé de skaï était un grand lit avec des draps blancs ou bleu ciel. Le regard trempé dans la crème fraîche* du plafond, la vendeuse et sa petite s'endormaient sous leurs couvertures de laine rose.

Comparée à l'autre maison, à son jardin planté de tessons de bouteilles, c'était maintenant l'opulence quoique visiblement réglementée par un organisme de crédit: la table, les chaises, le buffet, le canapé-lit, les deux fauteuils également de skaï noir étaient du même style, du même lot en dix-huit fois deux cent quarante francs.

Ça se manifestait aussi dans la nourriture, la nouvelle qualité de la vie. On s'appliquait pour manger. On faisait de la cuisine. On avait le four électrique avec un tourne-broche. Ça s'arrêtait tout seul quand c'était cuit et ça sonnait comme un réveil. Du coup elle en devenait gourmande, Pomme. Ce fut en elle le premier trait qui eût l'air un peu d'une passion; mais une passion d'allure discrète et dont les gestes modérés ressemblaient aux autres modérations et timidités de la jeune fille, qui n'en finissait pas de sortir des rondeurs et rougeurs de son enfance. Pomme adorait les sucreries, l'angélique, les bonbons fourrés, les chocolats. Mais au repas elle pouvait grignoter de la même manière une belle tranche de gigot aux flageolets. C'était dans un beau plat de porcelaine. La saucière était en aluminium.

Tous les matins, elle prenait le train. Elle descendait à Saint-Lazare et trottinait sans regarder les vitrines jusqu'au salon de coiffure. Elle enfilait sa blouse rose. Elle se regardait l'œil dans la glace. Vérifiait le léger maquillage.

A cette heure-là les petites vendeuses, dactylos ou précisément coiffeuses colorient de leur débandade les lavures brunes de la foule sur les trottoirs. Mais Pomme avait autre chose que cette joliesse. Peut-être une espèce de beauté malgré la jupe à mi-cuisse, le pull-over trop étroit.

Et cela faisait d'elle, à la fin, une personne fort ambiguë. Au milieu des parfums, des flacons, des artifices sans prestige du salon de coiffure sa simplicité devenait mystérieuse. Le charme de Pomme c'est qu'elle était autre, sauf l'érotisme stéréotypé du petit bourrelet entre la jupe et le pull.

Toutefois cela impliquait une certaine distance, cette sorte de charme. Elle attirait et tenait en respect à la fois. Elle attirait surtout, mais en interdisant qu'on s'en rendît vraiment compte. Elle n'était pas coquine, même pas le regard. A la place il y aurait peut-être eu de l'impudeur si on avait su lire ce qui n'était pas écrit. Car cette virginité (cette 'page vierge'), mais par là même cette vraie nudité d'un visage que rien n'habillait (aucune arrière-pensée) ne pouvait aller sans impudeur, celle de Suzanne ou de Suzon surprise au bain,* et redoublée si on peut dire de n'avoir pas été préméditée, de ne s'être voulue pour nul regard.

Sa bouche n'était maquillée que de sa propre placidité charnue; ses paupières se fermaient quelquefois mais sur la pure saveur d'exister. Aucune provocation même soupçonnable dans une si profonde paix. Mais elle n'avait pas à provoquer, Pomme, elle n'avait pas à s'offrir. Elle était naturellement offerte, comme à cet âge les filles, dont le corps n'a pas encore rajusté ses allures à toutes ses nouvelles éventualités.

Ce miraculeux instant de la vie où même les plus laides gamines resplendissent un peu du désir qui les traverse, qui se cherche en elles, et que nulle connivence n'a su réduire, Pomme avait le privilège de le prolonger comme indéfiniment.

Et cet inachèvement ainsi perpétué devenait une manière d'accomplissement, mais incertain, irritante dérogation à l'ordre habituel des êtres.

Pomme n'avait-elle pas d'amoureux, ainsi qu'auraient dû les comporter ses bientôt dix-huit ans,* ou alors sa sensualité justement, qui la faisait reluire un peu sous le regard?

Elle n'aurait pas dit non, Pomme, si on lui avait expliqué le grand vertige. D'une pression du regard on le lui aurait fait savoir, ce qu'elle, elle attendait. A coup sûr elle se serait soumise, pas à l'homme, dont la tournure ou l'âge n'importaient pas beaucoup, mais à la révélation en elle d'une nécessité nouvelle, achevant seulement de la clore à l'instant de l'abandon.

Mais déjà elle était sur l'autre trottoir: elle marchait un peu trop vite dans la rue pour qu'on eût l'idée de la suivre. Elle sortait le matin de son lit déjà comblée de son sommeil sans malice comme d'une étreinte, le corps chargé d'une nostalgie que le jour, la foule, la bousculade même ne faisaient pas choir. Elle ployait de la neige encore intacte de la nuit. Il n'y avait aucun défaut à l'adresse des autres dans cette heureuse mélancolie figurant la plénitude. Celui qui la considérait ne pouvait pas se rendre compte que c'était lui, et son propre regard, le principal maillon, mais encore manquant, de cette si parfaite, inentamable clôture. C'est pour cela qu'il descendait à la station d'avant, ou bien à celle d'après; d'ailleurs Pomme ne prenait pas souvent le métro, sauf quand il pleuvait, entre Saint-Lazare et Opéra.

Pomme ne savait ni friser, ni couper, ni teindre. On l'employait surtout à ramasser les serviettes. Elle nettoyait les instruments. Elle balayait les cheveux par terre. Elle remettait en pile les *Jours de France** éparpillés. Elle s'essuyait le bout du nez avec un mouchoir à carreaux.

Elle faisait aussi les shampooings, massant le cuir chevelu de la clientèle avec la tendre application qui lui était due. Elle aurait été capable de plus d'application encore. Il aurait seulement fallu lui demander.

C'étaient des dames d'un certain âge, les clientes, et riches, et fort bavardes. En fait elles étaient tout ça d'un seul bloc. Vieux caquetages péremptoires!*

Mais ni les lunettes en brillants, ni les lèvres couleur de lavande sous l'azur clairsemé de la chevelure, ni les doigts historiés de pierres précieuses et de taches brunes, ni les sacs de crocodile ne semblaient toucher l'attention de Pomme, tout entière absorbée dans la composition sur le dos de sa main d'une eau ni trop chaude ni trop froide, à l'usage de cheveux qui, mouillés, seraient semblables à tous les cheveux.

Elle renversait doucement les têtes dans une révérence hydraulique des grands fauteuils basculants. Les bustes étaient couverts d'une serviette blanche, et les cheveux trempés, agglutinés par le savon, faisaient des algues ondoyant sous la berge des larges cuvettes d'émail blanc.

Le regard s'était effacé sous les gros yeux morts des paupières peintes, les lèvres sanguinolaient au tranchant du nez, et ces visages renversés devenaient à leur tour végétaux, telles de grandes feuilles d'arbre délavées, diaphanes sauf quelques nervures, au fil d'une rivière.

C'était étrange mais pas effrayant du tout, ces figures étalées comme à la surface de l'eau, ces vieilles Ophélies* qui venaient de perdre pour un moment tout leur pouvoir de domination et qui devenaient même l'objet d'un possible mépris sous le regard cependant sans malveillance de Pomme. Et Pomme se disait que sa laideur à elle ne serait jamais de cet ordre-là. Jamais si soudaine. Si elle avait été capable de pensées subversives, si elle n'avait pas seulement senti, et confusément, en une très vague haine peut-être au moment du pourboire, la formidable brutalité des vieilles carnassières (par exemple cette façon qu'elles avaient d'ouvrir, de fermer leur sac, d'un claquement du fermoir), Pomme aurait eu davantage de plaisir encore à les regarder, si parfaitement subjuguées, si parfaitement annulées sous le casque du séchoir, la tête immobile, pour ainsi dire inanimée, toujours brandie, toujours altière, mais cette fois comme au bout d'une pique. Au reste Pomme, qui les considérait parfois très longuement, ne s'avisait pas qu'elle y prenait plaisir.

Marylène, celle-là s'appelait. (Enfin, mettons.*)

Elle aurait chuchoté des choses d'esprit de derrière un éventail, des jumelles de nacre à la main, dans sa loge de l'Opéra. Elle aurait eu les cheveux bruns séparés en deux bandeaux par le milieu. Elle aurait penché l'ivoire de ses épaules nues vers un homme à cravate blanche moussant sur un frac noir, dans un geste d'attention câline dévoilant la naissance des seins mais tempéré par l'élégante pudeur de l'éventail devant la bouche.

Ça, c'était dans des films qu'elle avait vus. Dans la réalité elle n'arrivait pas à contenir des esclaffements très brusques, qui lui faisaient tout d'un coup les cheveux d'un roux violent et la bouche nettement trop grande.

Marylène était quand même une belle fille. Elle était grande, la croupe longue, souple, mobile. Elle serpentait d'une cliente à l'autre dans le salon: c'était la forêt, la jungle s'emparant des ruines d'Angkor.*

Pourtant l'artiste ne manquera pas de suggérer ce qu'il y a finalement de pauvre dans cette sorte de beauté, sauvage, péremptoire, agressive et grimpante. Et Marylène devait finalement s'en rendre compte, que c'était bien précaire, tout ça, d'être une belle femme comme on dit, peut-être parce qu'il n'y a rien d'autre à dire. Alors il y avait cette perpétuelle hésitation entre le romantique, le distingué, le pourquoi pas sublime, et la bien franche vulgarité du rire dégringolant comme une pile d'assiettes dans un bac d'eau de vaisselle. Au dernier moment elle se demandait, Marylène, si la modération de la voix, du geste, ce n'était pas un mauvais placement au fond: ç'aurait été trop bête, tout de même. Alors elle faisait aussi dans l'écervelé, dans le bruyant.* Cette spéculation-ci n'était pas beaucoup plus heureuse que l'autre, mais elle correspondait peut-être davantage à la nature profonde de Marylène. A moins qu'on n'admette d'emblée que Marylène n'a pas de 'nature profonde'.

Pour le moment elle est rousse, elle a trente ans et dans son sac un briquet de chez Cartier. Elle a été blonde. Elle s'appelait Marlène quand elle était blonde. Cela ne lui allait pas mal non plus. Elle aimait les robes en lamé.

C'est dans un studio qu'elle habite (XVIe, près Bois. Lux. Studio, 30 m². 6e s/rue, asc. desc. s. de b., kitch.*). L'imaginerait-on dans un pavillon à Saint-Maur?* L'accès de l'immeuble est formellement interdit aux représentants, quêteurs et démonstrateurs.

Deux nuits par semaine, Marylène agréait la visite d'un homme d'une cinquantaine d'années, aux tempes argentées, au menton carré, au regard perçant. D'ailleurs (pourquoi, 'd'ailleurs'?), cet homme dirigeait une agence de publicité. Vigoureux brassage d'affaires, tennis le dimanche matin.

Marylène avait une espèce d'amitié pour Pomme. Elle sentait bien que Pomme ne risquait pas de lui nuire, de lui abîmer les hanches ou la poitrine. Et l'amitié de Marylène avait pris un tour gentiment protecteur.

Mais en même temps Pomme était pour elle un mystère. Elle n'occupait pas les mêmes lieux de l'existence que Marylène. Et Marylène voulait tenir dans sa main ce mystère à défaut de savoir le comprendre. Là où elle voyait, là où se trouvait effectivement l'innocence et comme un bruit de source tout à coup dans la foule du métro, il pouvait y avoir une force cachée, insupportablement étrangère à Marylène.

Bien sûr Marylène n'allait pas jusqu'à se formuler l'espèce d'irritation qui lui venait au toucher de cette énigme. Il lui aurait alors fallu convenir qu'elle cherchait à la faire cesser, et qu'elle ne pouvait y parvenir qu'en abîmant ce qu'il y avait de vraiment autre chez Pomme.

C'est pourtant ce qu'elle tâchait de faire. Elle avait dit à Pomme au début: 'Tu ne peux pas t'attifer comme ça; tu ne peux pas rester sans maquillage.' Pomme apprit à se maquiller; mais elle restait aussi fraîche qu'avant sous les petits grumeaux du fond de teint qu'elle ne savait pas mettre. Et Marylène était près d'en concevoir du dépit.

Marylène invita Pomme dans le studio. Elles se tutoyèrent. Pomme prit l'ascenseur qui était interdit aux livreurs et but du whisky. Elle n'aimait pas beaucoup le whisky.

Pomme s'en allait avant l'heure où l'ami de Marylène arrivait. C'était un de ces couples qui ne mangent qu'au restaurant et qui font l'amour en rentrant du spectacle.

Pomme n'avait jamais vu l'ami de Marylène et celle-ci

n'avait jamais parlé de Pomme à son ami. C'était bien normal; Marylène faisait partir Pomme avant que son ami n'arrive, comme on rajuste sa coiffure au moment de sortir. (Permettez! Permettez! Est-ce qu'elle ne craignait pas un peu, Marylène, de montrer au publicitaire cette petite fruste, en même temps plutôt mignonne? Et puis en tout cas Pomme était bien trop à l'opposé de ce que Marylène voulait faire penser d'elle-même. Ce sont des raisons, non? Et il devait bien y en avoir d'autres!)

Pomme eut dix-huit ans au mois de mai. Marylène fut invitée. On mangea de l'épaule de mouton.

Marylène fut très aimable avec la maman de Pomme, qu'elle rencontrait pour la première fois. Elle s'était habillée plus modestement que d'habitude, sachant bien qu'elle se rendait chez des gens modestes. Marylène n'était pas sans finesse, sauf que ses finesses étaient exagérées. Son maintien autant que sa mise indiquait qu'elle déjeunait chez des gens pauvres et qu'elle prenait soin de ne pas commettre de maladresse. La mère de Pomme ne s'en avisa point. Mais Pomme eut infiniment de reconnaissance à l'égard de Marylène; à quoi se mêlait un sentiment de honte, de plus en plus vif. Marylène trouva tout très bon et faisait de grands 'merci' toutes les fois qu'on lui passait le plat ou qu'on lui versait à boire. 'A vot' service' faisait la mère de Pomme, et Pomme aurait voulu que sa mère fût autre. Sans savoir au juste de quoi, elle se sentait coupable.

Pomme fut un long moment absorbée dans cette rêverie. Elle avait l'air de regarder les bougies couchées dans l'assiette du gâteau, où restait moitié de la part de Marylène (qui n'aime pas les choses sucrées, paraît-il). En fait Pomme ne regardait rien. Elle se sentait, dirions-nous, indifférente et mélancolique. Indifférente, par exemple à la part de gâteau qui restait dans l'assiette. Elle n'avait pas envie de bouger; elle était très lasse: elle avait les membres mous et lourds, deux ancres lui pendaient des épaules. Elle s'ensablait dans la tentation douce-amère d'un immense dégoût d'elle-même.

Comme il faisait beau, l'après-midi, Marylène emmena tout le monde au bois de Boulogne. On arriva aux lacs. Pomme supputait toujours, elle ne savait trop quoi. Sa mère ne disait pas grand-chose de peur un petit peu d'être ennuyeuse. Un moment elle fit: 'Je vais m'asseoir. Promenez-vous ensemble. Vous me reprendrez en passant.' Tout le monde alla quand même faire de la barque. On donna vingt francs de caution, plus le pourboire au brave homme qui donnait la main pour aider à passer dans la barque. On eut du mal à quitter la rive; le brave homme poussa la barque avec sa gaffe.

Marylène s'amusa bien à cause des types dans les autres barques, qui venaient les éperonner avec de grands éclaboussements de rames. La mère de Pomme poussait des cris qu'on allait chavirer et s'accrochait des mains et des fesses à sa planche de bois. Pomme ramait; elle ramait de bon cœur, comme une enfant; elle retrouvait progressivement son unité, sa paix, après chaque effort de la rame.

C'est peu après ce jour qu'ils devaient se quitter, Marylène et l'homme au menton carré. 'Il aurait fallu faire ça bien plus tôt', dit Marylène en guise d'explication. Elle ajouta qu'elle avait perdu les cinq plus belles années de sa vie (les lundis et les mercredis) avec un mufle, mais que ça ne faisait rien car tous les hommes étaient pareils. En quoi Marylène manifestait une certaine intelligence d'elle-même, non des hommes.

Bon! Elle les détestait tous, bien sûr, les types, les mâles, les publicitaires. Et en même temps les Alfa-Romeo, les restaurants tziganes, la terrasse du *Fouquet's** et les chemises de chez Lanvin. Elle initia Pomme à sa nouvelle conception 'des choses'. Pomme écoutait sans rien dire: tout ça n'empêchait pas Giordano,* le jeune avocat, de prendre Lina, sa secrétaire, entre ses bras tendres et puissants. Leurs lèvres se joignaient en un chaste baiser riche de promesses infinies. Un manteau d'étoiles resplendissait, etc.

Pendant le mois de juin, Pomme devint l'amie intime de

Marylène. Elle l'accompagnait presque tous les soirs et faisait la dînette avec elle dans son studio. Pomme n'avait plus à se retirer pour laisser la place à l'homme au regard perçant.

Plusieurs fois elle dormit, Pomme, dans le grand lit. A côté de Marylène. Elle prenait garde, le matin, à se lever la première et préparait le petit déjeuner. Marylène se barbouillait de confiture d'oranges. Elles prenaient la douche ensemble. Elles s'éclaboussaient d'eau chaude par l'immeuble. Elles se frottaient le dos. Marylène glissait un baiser dans le cou de Pomme et disait que les hommes sont des cochons.

La mère de Pomme était bien contente pour sa fille de cette fréquentation. Elle faisait à Pomme des compliments sentencieux sur son amitié avec Marylène. Pomme, ça l'ennuyait un peu, ces encouragements, ces présages flatteurs. Sans doute elle était bien, Marylène, en tout cas bien mieux qu'elle, mais Pomme n'avait pas envie d'être comme Marylène, même si elle s'en était crue capable un jour. Sous sa rondeur d'âme Pomme avait un fonds de sagesse, quoique non délibérée, qui se traduisait par une très grande faculté d'assentiment; elle était de ces humbles parmi les humbles jusqu'à jouir du bonheur si rare de consentir pleinement à soi: sauf le malaise fugitif de son déjeuner d'anniversaire Pomme n'avait encore jamais connu l'inquiétude poignante de devenir autre. Elle n'avait pas envie pour elle des charmes de Marylène. Simplement elle les admirait. Au reste cette admiration n'était peut-être pas sans réserve. Pomme atteignait à ce comble de la naïveté qui fait poser sur les êtres et sur les choses, parfois, des regards d'une grande acuité.

Marylène avait toute sa liberté maintenant. Il fallait bien en profiter. Alors elle s'évertuait à maquiller son dépit par exemple des couleurs toutes pimpantes de l'amitié. Il y eut Pomme. Et puis elle avait retrouvé par hasard une de ses anciennes amies. Elle s'était mariée, l'amie, et son mari venait d'acheter une maison à la campagne, pas très loin de Paris. 'Il faut que tu voies cette maison', avait dit, évidemment, l'amie. Marylène et Pomme vinrent passer les fêtes du 14 Juillet.

C'était une ancienne ferme qu'on achevait de rénover. Il y avait de belles poutres au plafond. On avait refait la cheminée parce qu'elle n'était pas assez rustique; on avait remplacé le carrelage du sol par des tomettes provençales. Ç'allait être impeccable.

Marylène, Pomme et leur amie passèrent les après-midi sur des chaises longues qu'on déplaçait selon l'orientation du soleil dans la cour où le gazon commençait à pousser. Pendant ce temps le mari jouait au tennis dans une propriété voisine.

Il avait eu d'un premier mariage un fils, qui était un laid gaillard de quatorze ans, et qui s'évertuait à détruire une vieille grange parce qu'elle 'gênait la vue', il avait dit, son père.

Le rejeton possédait une vilaine trogne de nouveau-né, avec de grosses lèvres, les joues échauffées, le nez légèrement épaté. Il était très trapu pour son âge (son torse nu, la peau toute niaise et rose de brûlures de soleil, paraissait jailli d'une braguette. Pomme aurait voulu qu'il remette sa chemise). Surtout il avait le regard sournois.

Il maniait avec jubilation une lourde masse et toutes les fois qu'un morceau de mur se détachait il poussait des hurlements de joie. Marylène l'appelait Tarzan et le taquinait. Elle affectait de le traiter en enfant (une de ces manières de provocation dont elle ne savait pas s'empêcher). Mais lui regardait surtout Pomme. Pomme n'aimait pas du tout ce garçon ni ses regards un peu fixes. Elle ne savait pas comment s'en dépêtrer.

En tout cas elle n'avait pas voulu se déshabiller. Marylène avait insisté: 'Je t'assure, personne ne peut nous voir.' (Elle et son amie s'étaient mises toutes nues, sauf un triangle de papier sur l'épiderme délicat du nez.) Mais Pomme trouvait que le garçon qui besognait avec sa masse le mur de la grange, ce n'était pas 'personne'. Elle avait tout juste consenti à relever les manches de son chemisier et à défaire les deux premiers boutons, sur sa gorge.

Le premier jour on avait surtout discuté des travaux en cours. Marylène s'était si bien approprié les soucis de son amie qu'elle se voyait diriger des équipes de maçons, peintres, jardiniers. Elle refaisait même le paysage, au loin, aussi simplement qu'un maquillage ou qu'une teinture: il aurait fallu raser cette ferme là-bas, qui rompait la douce déclivité de la colline; et puis il aurait fallu planter une forêt, ou du moins un bois, pour cacher la voie ferrée, avec ses caténaires juste contre l'horizon. Elle écoutait tout ça, l'amie de Marylène, elle laissait dire, mais elle savait bien que c'était elle la propriétaire.

Le second jour il fit encore plus chaud. Pomme avait trouvé de l'ombre, un peu à l'écart des deux femmes. L'amie de Marylène avait les seins plutôt lourds. Elle s'était levée pour aller chercher des jus de fruits dans la cuisine. Elle se tenait les épaules bien en arrière, elle faisait de tout petits pas, mais ça frémissait quand même, la poitrine, les fesses, et puis le haut des cuisses. Marylène, elle, était seulement locataire dans son studio mais elle avait la nudité souveraine, princière: la poitrine abondante, mais ferme: elle était somptueuse, orientale, moelleusement sculpturale, Marylène, ripolinée d'huile solaire.

Pomme s'ennuyait un peu sur la toile moite de sa chaise longue. Elle écoutait plus ou moins les deux autres qui parlotaient et pouffaient. Elle les voyait entre ses cils flotter sur le gazon. Ensuite elle s'endormit un peu dans sa petite alcôve d'ombre. Les rires de Marylène lui parvenaient encore, comme un bruit de glaçons qui s'entrechoquent dans un verre. Un esclaffement tombé de plus haut que les autres la réveilla tout à fait. Marylène et son amie parlaient très fort depuis une seconde. Elles s'interrompaient l'une l'autre, et puis elles avaient tout d'un coup des silences. Marylène faisait reluire toute son amie avec de la crème bronzante. Pomme les regardait avec peut-être bien une sorte d'intérêt, mais qu'elle n'aurait pas su dire. Ensuite Marylène s'allongea sur le dos à même l'herbe. Les rires firent place à des chuchotements, et Pomme ne put s'empêcher de tendre l'oreille. Elles se disaient des choses de plus en plus lestes les deux copines. Elle n'aurait jamais eu, Pomme, de pareils propos, mais ça ne l'ennuyait pas de les entendre. Elle se sentait énervée. Elle se dit que c'était à cause de la chaleur; elle regardait les gouttelettes perler sur sa gorge, là où elle avait déboutonné son chemisier. Elle eut même envie de se dévêtir à son tour et de sentir l'air tiède glisser entre ses jambes. Mais elle ne pouvait plus bouger. Elle était fascinée par le soleil et par les propos lubriques des deux femmes qui l'immobilisaient comme une main appuyée sur son ventre.

Le type dont parlait à la fin l'amie de Marylène, ça devait être son amant, se dit Pomme. La jeune femme s'interrompit. Son mari les appelait depuis le portail: 'Attention les femmes: c'est moi, et je ne suis pas seul!' Pomme se retourna et vit quatre gaillards en shorts blancs qui arrivaient au petit trot, l'air sportif et dégagé. Marylène et son amie n'en finissaient pas de se rhabiller en grande affectation.

Quand il ne démolissait pas la grange, le garçon au regard sournois prenait le maquis dans les haies d'arbustes autour de la propriété. Ou bien il torturait affectueusement un jeune berger allemand, le futur chien de garde. Ça commençait par de grandes baffes gentilles sur la gueule du chiot qui faisait ce qu'il pouvait pour mordre. Alors ça se terminait par deux ou trois coups de pied bien sentis dans le ventre de l'animal. Ou bien il lisait des fascicules de bandes dessinées: il y avait sur les couvertures des individus aux rictus épouvantables, armés jusqu'aux dents, casqués, saisis par le dessinateur au plus sanglant de leurs bagarres. Il en traînait partout dans la maison et jusque sur la pelouse. Pomme eut la curiosité d'en feuilleter et s'amusa bien aux grimaces bizarres qu'on y voyait.

Il remarqua cet intérêt, le garçon, car il ne cessait d'épier la jeune fille qui ne s'était pas déshabillée. Il s'accroupit sur l'herbe à côté de Pomme. Il lui dit avec une reptation du regard sur son corsage qu'il pouvait lui montrer, si elle voulait, toute sa collection de bandes dessinées. Pomme s'en voulait un peu de l'espèce d'horreur que lui inspirait ce nourrisson musclé. Elle le suivit dans sa chambre. Il y avait par terre et sur les murs un inquiétant désordre d'objets tranchants ou contondants (comme on dit après*), et d'armes à feu. Sur une étagère, elle vit des petits animaux empaillés que le gamin se glorifia d'avoir abattus lui-même.

Après quelques instants Pomme jugea que la visite de la morgue était terminée, mais le garçon devait avoir en vue de l'autopsier un peu à son tour. En tout cas il s'était mis, le torse tout rose et raide, entre Pomme et la porte. Ça devenait délicat, la situation.

Heureusement Marylène entra sur ces entrefaites. 'Qu'est-ce que vous manigancez tous les deux?' demanda-t-elle tout haut. Puis, tout bas, à Pomme: 'Mais tu ne vois pas? Il va te sauter dessus!'

Pomme dévala le plus vite qu'elle put l'escalier, suivie de Marylène, et du garçon cette fois tout rouge.

Le soir, dans la chambre, Marylène dit à Pomme, en riant: 'Hé bien, tu as fait ta première conquête!' Pomme répondit qu'elle ne retournerait plus dans cette maison.

Pomme est allée acheter des cornets de glace. Elle est revenue à petits pas précis et rapides à cause de la crème qui faisait déjà des bavures sur son pouce. On a festoyé pendant cinq minutes, dans le salon de coiffure. Il y avait la caissière; il y avait Jean-Pierre (elles téléphonent une semaine à l'avance, les vieilles peaux de crocodile, pour être coiffées par Jean-Pierre). Il y avait évidemment Marylène et Pomme.

Jean-Pierre avait oublié une rombière sous le casque, dans un coin de la boutique. Elle bougeait encore un peu. La plupart de ces dames étaient déjà, ou bien aux Canaries, ou bien dans l'avion qui s'y rendait. Sauf celles qui avaient pris le bateau.

Pomme balaya les miettes de cornets, plus des cheveux qu'on n'avait pas emportés dans l'avion. Marylène était assise dans un des fauteuils basculants et se limait les ongles. Jean-Pierre lisait *L'Équipe** et sifflait quelque chose. La caissière, qui était très grosse et qui devait suinter depuis sa première enfance, lisait les horoscopes dans *Jours de France*. On avait trop chaud pour la faire taire: 'Tu es quoi, toi?

– Taureau, avait répondu Pomme, qui continuait à promener son balai machinalement, le long des plinthes.

– On te dit de surveiller ton poids.

– C'est vrai, tu manges trop de gâteaux', renchérit faiblement Marylène.

Pendant ce temps le petit garçon à tête de nourrisson, qu'on avait laissé tout seul pour la semaine dans la maison de campagne, pensait violemment aux deux boutons ouverts sur le corsage de Pomme. A Paris, dans un ascenseur, la belle-mère du petit garçon (celle qu'on appelle la 'marâtre') se dépêchait d'enfiler ses collants (elle avait d'abord décidé de ne pas les remettre tellement elle transpirait).

A Suresnes (à moins que ce ne soit à Asnières), la mère de Pomme annonçait à ses patrons que les camemberts ne tiendraient pas jusqu'au soir. On n'était pas sûr non plus des bries. Ni des pont-l'évêque (Sire, c'est une révolution!). Elle considérait le désastre qui allait bientôt se consommer avec un sentiment d'impuissance mais aussi de culpabilité: même si elle n'y pouvait rien elle n'aimait pas que ces choses arrivent en sa présence.

Dans le métro, entre Odéon et Châtelet, il y avait un gros bougre apoplectique, en tas sur sa banquette, la chemise ouverte, le veston tire-bouchonné, sur les genoux. Il regardait vaguement un type, qui ne le regardait pas car il avait mis, le type, toute son âme du moment dans l'entrejambe d'une fille, qui regardait un autre type pour voir s'il n'allait pas la regarder enfin. Cet autre type regardait l'apoplectique, mais sans le voir.

Son propre corps, au gros bonhomme, lui faisait une camisole, un engoncement sans recours. Il se sentait terriblement isolé, dans sa graisse et dans sa laideur malgré lui.

Il y avait quelque chose en lui, peut-être même une vague séduction, qui lui demandait avec insistance de disparaître de la station Saint-Michel, où la rame venait de s'arrêter, et puis de disparaître aussi des rues, et de son immeuble où il

avait trois mois de loyer à payer. Pour le moment il restait à
sa place, opprimé de chaleur mais pas tellement plus qu'ailleurs. Il considérait ce qui lui restait de semaines à vivre
comme un sphincter puant dont il serait bientôt expulsé. La
logeuse tirerait la chasse d'eau. Alors il restait assis à sa
place, qui ne fut plus sa place au-delà de Châtelet, car il
aurait dû descendre à cette station pour rentrer chez lui.
Mais ce n'était plus chez lui depuis trois mois. Alors il était
resté. Il se disait qu'il y avait dehors, ce jour-là, le même ciel
de faïence blanche, impitoyable aux apoplectiques, que dans
les stations du métro.

Il se disait, le gros bonhomme, qu'il n'avait plus rien à voir
avec personne. Il avait dû glisser à un moment donné, tout à
l'heure ou bien autrefois déjà; il ne s'en était pas rendu
compte. Maintenant il voyait les choses passer à côté de lui,
les affiches, la guérite du chef de station, de plus en plus vite.
Ça lui échappait. Il voyait passer les gens assis, et puis les
noms: Strasbourg-Saint-Denis, Barbès-Rochechouart. Après
Clignancourt, il savait qu'il n'y aurait plus d'autre nom. Juste
un trou noir qui peut-être n'en finirait plus.

Il se rappelait vaguement sa femme et sa petite fille qu'il
avait quittées un jour, il ne savait plus pourquoi. C'était
peut-être Pomme, sa fille. C'était peut-être une autre. Mais
quelle importance? Tout cela, les mots, les noms, les sens,
finissait de passer devant lui, 'Trigano', 'Banania', 'B.N.P',
'Arthur Martin',* et ça lui était égal, au fond.

Pour le moment Pomme balayait, Marylène se limait les
ongles, Jean-Pierre sifflait un air. Ou bien c'est Jean-Pierre
qui se limait les ongles, et la caissière balayait. Marylène
lisait l'horoscope de tout le monde, et Pomme sifflait l'air de
Chérubin: 'Voi che sapete ...'* Nul ne songeait à l'apoplectique, qui allait bientôt mourir.

Mais ne nous éloignons pas de notre propos, c'est-à-dire du
moment où Neil Armstrong* posait le pied sur la Lune.

Marylène avait mis le téléviseur sur son lit. Pomme était à
côté d'elle. L'image était très mauvaise, mais ça n'avait pas

d'importance: Marylène et Pomme s'étaient endormies depuis longtemps.

Le lendemain matin, pendant le petit déjeuner, Marylène dit à Pomme: 'Vraiment, cette fois-ci, tu me laisses aller seule?

– Chez tes amis?

– Chez *nos* amis, répliqua Marylène, enjôleuse (elle se dit qu'elle venait d'être enjôleuse). Tu sais, ils t'aiment autant que moi, maintenant: ils te trouvent très jolie, très amusante. 'Ils' me l'ont dit au téléphone, hier.

– Vous avez parlé de moi au téléphone?' Pomme sentit dans sa poitrine un poignement de tendresse pour Marylène et l'autre jeune femme qui avaient parlé d'elle au téléphone. Elle inspira un grand coup, puis un second encore, entraînant dans le roulis de son émotion les tasses, le pot de confiture, la théière, qui étaient posés sur son ventre. Le gros cumulo-nimbus de bonheur atteignit ses yeux, qui se remplirent de larmes, tandis que Marylène la considérait, interloquée: 'Qu'est-ce que tu as? Est-ce que j'ai dit quelque chose que je n'aurais pas dû?'

Mais Pomme, toute dans la contemplation de son double dont on avait parlé au téléphone, ne savait rien répondre. C'était l'ouverture, devant elle, d'un monde inespéré où 'Pomme' pouvait faire l'objet d'une conversation. L'humilité de la jeune fille se laissait séduire au vertige de son nom ainsi répété en abîme,* les gens autour d'elle devenus des miroirs où sa propre image la surprenait en train de la regarder. Et ce qui est naturel aux autres, à tous les autres, qu'on puisse s'inquiéter d'eux et multiplier ainsi leur existence, peut-être même avec des mots écrits, devenait pour elle miraculeux. Bien sûr, il lui aurait suffi d'y songer une fois pour ne plus avoir à s'en étonner. Mais elle n'y avait jamais songé.

Et tout à coup Pomme s'écria: 'Oh, Marylène, je t'aime!' Puis, rougissant de ce qu'elle venait de dire: 'Je vous aime bien tous.'

Marylène devina qu'il y avait lieu de s'attendrir, et, saisie d'une généreuse inspiration: 'Si tu ne veux pas aller chez nos amis, je n'irai pas non plus. D'ailleurs on est maintenant tout près des vacances. Autant rester à Paris, non?

– Si! inspira un grand coup Pomme.

– On va passer les deux jours ensemble, et on va choisir un endroit pour nos vacances.'

Pomme apprit ainsi que Marylène allait l'emmener avec elle. On passa la soirée dans le studio. Pomme avait acheté cinq gâteaux, deux pour Marylène, trois pour elle. Marylène ne voulut toucher qu'à une tartelette, qu'elle abîma tout doucement avec sa cuiller. Pomme mangea tous les autres gâteaux d'affilée, avec ses doigts, dans une espèce de tendresse qui lui était restée de tout à l'heure.

Marylène regardait Pomme avec une affection vraie car ces gâteaux devenaient pour elle, immédiatement, les rondeurs de Pomme. Et ces rondeurs, c'était la différence entre Pomme et Marylène, et presque toute l'amitié que Marylène avait pour Pomme. Une amitié sans ressentiment.

C'est à la station Réaumur-Sébastopol qu'il descendait, Jean-Pierre, après sa journée à tanner poliment le cuir aux chamelles du salon de coiffure. Ou plutôt il en remontait, comme on fait d'habitude quand on sort du métro, pour rentrer chez lui rue du Caire. Il vivait dans une grande chambre aménagée en atelier, où il peignait d'imagination des châteaux ou des marines. Comme ça ne ressemblait ni à des châteaux ni à des marines, il écrivait en dessous 'château' ou bien 'marine', pour les distinguer.

Il prenait la rue Saint-Denis où les filles lui faisaient des propositions malhonnêtes. Il balbutiait poliment que ce serait pour une autre fois. Il ne pressait pas l'allure. De temps en temps, même, il regardait les créatures, et il leur trouvait l'air, sur leurs trop hauts talons, de vieilles petites filles qui auraient mis les chaussures de leur mère. Au fond elles étaient plutôt laides. Alors il rentrait chez lui, seul, un peu triste peut-être de rentrer toujours seul.

Il avait pourtant du succès auprès des femmes, Jean-Pierre. Des vieilles surtout. Elles se le disputaient pour qu'il leur tripote la tête. C'était encore, à soixante ans passés, le tango chaloupé, le grand frisson quand le fauteuil se renversait. Jean-Pierre avait dans ces circonstances le regard un peu las, d'une lassitude urbaine de danseur mondain. Elles auraient pu lire dans ce regard, les rombières, quelque chose comme 'une autre fois, une autre fois'.

On irait à la mer, mais où?

Plus question de choisir, car on s'y prenait bien trop tard, mais il restait une petite chambre à louer à Cabourg,* sur la Manche. Et ce n'était pas cher, surtout pour le mois d'août. Et puis on leur fit entendre, à l'agence, que c'était à prendre ou à laisser. Il y avait des gens qui attendaient, assis dans des fauteuils derrière Marylène et Pomme. Il y en avait même debout. Marylène versa donc les arrhes et il lui fut remis, ainsi qu'à Pomme, un prospectus avec des images sur 'Cabourg, sa plage de sable fin, sa digue de 1800 mètres, son Casino, ses fleurs dans les jardins du Casino'.

C'était d'un exotisme modeste, comparé au voyage qu'avait fait entrevoir le publicitaire au menton d'acier. Elle devait aller au Maroc, Marylène, dans un 'club' aux confins du désert. Il y aurait eu des oasis et des mirages, des palmiers, des dromadaires et leur tangage sur les dunes. Elle se serait baignée la nuit. Elle aurait fait l'amour sur la grève, ensuite. Elle aurait connu la grande ivresse dans la nuit sauvage. Du fond de l'Afrique, elle aurait entendu le combat du tigre et du rhinocéros.

A Cabourg, elle allait quand même avoir les dunes et le téléphone (en bas, dans la boutique du propriétaire). Et puis Marylène donnait maintenant dans le modeste et le simple.* Elle dit à Pomme: 'Quelle chance tu as! Tiens, par exemple, tu ne connais pas la Côte d'Azur. Tu as encore tout à découvrir.'

Elle n'avait jamais vu la mer, Pomme, sauf sur des cartes postales ou sur les affiches de la SNCF, qu'elle connaissait bien, pourtant, puisqu'elle passait tous les jours à la gare Saint-Lazare.

La chambre qu'on avait louée fut encore plus petite et plus malcommode qu'on ne l'avait redouté. Dehors il pleuvait. Marylène déballa ses deux grosses valises en maugréant. Elle en sortit ses petites robes diaphanes et autres buées vestimentaires,* les déplia devant Pomme, et puis les jeta sur le lit dans un geste de répudiation malheureuse: 'Je ne pourrai jamais mettre ça!... ça non plus... tiens! et ça, tu me vois avec ça, ici?' Pomme fit remarquer que les gens, dehors, avaient des parapluies.

Enfin le temps s'éclaircit. 'Ça n'aura été qu'une averse', dit Pomme par amitié pour Marylène.

Elle avait envie d'aller voir tout de suite la mer. Marylène ne fut pas mécontente non plus d'échapper à la petite chambre où on entendait dégorger la gouttière, juste au-dessus de la fenêtre. On arriva sur la digue.

Pas de mer! C'était la marée basse. Il n'y avait que du sable à perte de vue, et puis une étroite bande luisante, très, très loin. De rares vivants erraient au bord de cette catastrophe, en bottes de caoutchouc et en imperméable. Il y avait des parasols, aussi, mais tous repliés. Quelques-uns s'étaient renversés. Le vent rassemblait les nuages vers l'est, et le soleil faisait un affinement translucide, de l'autre côté, dans les marbrures grises du ciel. Pomme avait froid. Marylène était d'humeur ironique et parlait des pull-overs qu'elle avait laissés à Paris. On décida de continuer la promenade 'en ville'.

On parcourut deux ou trois fois l'avenue de la Mer, où il y avait des vitrines. On acheta des cartes postales représentant les 'jardins du Casino' ou le 'port de plaisance' par beau temps. Enfin on alla boire un chocolat chaud au 'thé dansant' du Casino.

Il y avait un pianiste, un contrebassiste et un batteur qui fonctionnaient mécaniquement. Parfois le pianiste et le contrebassiste tombaient en panne. Ça ne marchait plus que sur un seul moteur, qui s'emballait pendant quelques secondes. Puis le pianiste écrasait son mégot dans une soucoupe, il crachait un bon coup dans ses mains (ou quelque chose d'approchant), et il se remettait à sarcler dans ses notes.*

Tout rentrait dans l'ordre.

Personne ne dansait car il ne se trouvait au bord de la piste que deux autres couples de femmes, grelottant d'ennui devant leurs boissons chaudes, exactement comme Marylène et Pomme (en fait il n'y avait qu'un autre couple de femmes, l'autre consistant seulement en l'image reflétée dans une grande glace de Marylène et de Pomme ou plutôt – compte tenu des lois de l'optique – de Pomme et de Marylène). Le pianiste avait l'âge et l'allure d'un gardien de square. Il distribuait très équitablement des œillades à chacune des femmes dans la salle. Quand le garçon vint rendre la monnaie, Marylène demanda s'il existait d'autres 'boîtes'. Il lui répondit qu'il y avait la *Calypsothèque,* à côté, et que c'était très animé, mais que ça marchait seulement le soir.

Le lendemain on acheva la reconnaissance de la ville. Il faisait encore frais mais le vent s'était calmé. Le soleil apparaissait par moments et se reflétait dans les flaques d'eau des trottoirs.

Marylène voulut aller jusqu'au 'Garden tennis-club'. On acheta deux cartes de 'visiteurs', valables un mois. Pomme et Marylène se promenèrent dans les allées gravillonnées. Pomme regardait les joueurs. Marylène les soupesait, les palpait de l'œil comme des étoffes à l'étalage du marché Saint-Pierre.* Pomme se déchaussa plusieurs fois, appuyée sur le bras de Marylène, pour se débarrasser des cailloux dans ses chaussures découvertes

Elle était de plus en plus morose, Marylène. Elle avait eu l'idée de passer avec Pomme des vacances de jeunes filles sages. Mais ç'aurait dû être au Grand Hôtel. Elle aurait fait promener par le portier sa meute de pékinois. Elle aurait pris le petit déjeuner dans une chemise de nuit en batiste. Elle aurait perdu de l'argent au baccara, elle aurait reçu chaque jour des gerbes de roses envoyées par des inconnus.

Mais, même ça, ce n'était pas le personnage voulu, tant par le climat que par l'allure de la ville, des maisons, des jardins, par l'absence de boutiques à la mode. Il aurait mieux valu avoir une grande villa un peu désuète, comme celles qu'on voyait sur la digue. Il aurait fallu savoir jouer au

tennis, monter à cheval (peut-être en amazone). Et Marylène n'avait pas la sorte de beauté pour ces situations. Il
convenait d'être plutôt belle et grande, comme elle, mais
moins musquée. Le style de Marylène c'était Juan-les-Pins;*
c'était les chemisettes transparentes et le relief du slip sous le
pantalon. Pas les jupes plissées, les chaussettes blanches et
les chemises Lacoste. Elle était beaucoup mieux à sa place
dans un cabriolet, le bras nonchalamment nu sur la portière,
que pédalant les cheveux au vent sur une bicyclette un peu
grinçante, un gros pull-over jeté sur les épaules. Or, c'était
ça, l'élégance fraîche et saine de Cabourg. Pas de maquillage, ni surtout de bronzage, mais le teint clair (un léger
hâle), le regard simple, une féminité désinvolte, de grands
pas au-dessus des flaques d'eau. Porter trois jours de suite le
même vêtement, se mettre à l'ombre quand il y a du soleil,
marcher les autres jours un vieil imperméable sur le dos, un
foulard détrempé sur la tête.

Jusque-là elle avait rêvé, Marylène, de grands voyages dans
les 'jets' de la Pan Am, de ciels tropicaux sur des îlots de
corail, et d'étalements au soleil, vêtue seulement d'un collier
de coquillages. Maintenant elle comprenait que c'étaient des
voluptés d'employés de bureau. Trois semaines aux Antilles
pour 4500 F TTC., c'était du cher encore trop bon marché.
Et voilà que toute une civilisation se découvrait mortelle dans
l'esprit de Marylène. Le passage du Lido venait de s'embraser
au clinquant de ses vitrines. Le vrai chic, elle le découvrait
seulement, étranger, inaccessible. Elle pouvait encore rencontrer le publicitaire le plus athlétique de tout Paris, et savoir
le rendre fou de jalousie, il lui manquerait toujours d'avoir
passé les étés d'autrefois au bord d'une plage pluvieuse, dans
une villa vaste et sonore, aux cloisons tapissées de rires d'enfants et d'une légère poussière. Elle, elle était du côté des
'vacanciers', des campeurs, de ceux qui vont et viennent,
même les riches qui descendent dans les grands hôtels.

Ça, c'était une question de naissance, soupçonnait Marylène. Les somptueuses vieilles du salon de coiffure devaient
être bien loin, elles aussi, de cette manière un peu dédai-

gneuse d'exister. Pour leur façon d'être il fallait des bijoux, des fourrures, des sacs de chez Hermès, des voyages en avion. Et Marylène se rendait bien compte qu'il y avait tout à côté d'elle, des autres gens et du tapage, une humanité supérieure, habituellement cachée derrière un mur, une vitre, ou qui déambulait quelquefois dans de vieux vêtements confortables et pratiques. Cette humanité-là produisait des jeunes femmes aux charmes sobres, d'une insupportable discrétion, et qui avaient le don ou la manière, quand elles se trouvaient par hasard ou par mégarde au milieu des autres, d'exister en vérité ailleurs.

Pomme ne se perdait pas en de telles considérations. Il lui suffisait d'un peu de soleil sur la plage pour faire doucement réchauffer le déjeuner qu'elle venait de prendre. (Quand ça tapait trop fort, elle se mettait au frais, au garde-manger.) Comme elle ne savait pas nager, elle ne regretta point que la mer fût souvent trop fraîche pour qu'on pût s'y baigner. Le soir elle suivait Marylène à la *Calypsothèque*. Elle marquait du bout des ongles sur la table le rythme des échauffourées dans le noir. Ça l'amusait aussi quand les projecteurs se mettaient à clignoter à toute vitesse: rouge, bleu, rouge, bleu, rouge. Les gens avaient l'air de se tordre dans les flammes. Ensuite ils retournaient à leurs places tout à fait indemnes. Elle attendait que ça recommence.

Elle refusait gentiment quand on l'invitait à danser. Elle avait un peu peur, au fond, des courts-circuits rouges et bleus sur la piste, mais elle aimait bien regarder les chorégraphies voluptueuses auxquelles Marylène s'adonnait dans son violent dépit de ne pas avoir l'allure aristocratique.

Pomme ne s'avisa pas que sa présence un peu fruste, un peu ronde, n'était pas loin d'indisposer Marylène, depuis quelques jours.

Au juste, c'était depuis qu'on passait les soirées à la *Calypsothèque*. Là, dans l'assourdissement de la musique, Marylène oubliait les villas sur la digue et cette humanité au pied de laquelle venait doucement mourir la mer. Marylène ressuscitait son ancien personnage et développait un peu plus à chaque danse l'extase de ses hanches sous un pantalon de soie sauvage mauve.

Pomme ne remarqua rien. Jusqu'à la nuit où elle rentra seule de la *Calypsothèque*.

Marylène passa le lendemain pour prendre ses affaires. Elle était très gaie, très pressée: 'On m'attend en bas.' Elle ajouta, juste avant de refermer la porte derrière elle: 'Maintenant, mon chou, tu vas être à l'aise ici.'

Autre version des mêmes faits...

... Car il y a ci-dessus (pp. 73 sq.) de l'invraisemblance, n'est-ce pas? Par exemple cette élégance des filles à villas, qu'on a qualifiée tout à l'heure de 'dédaigneuse', comment Marylène aurait-elle pu s'y montrer sensible? Elle est parfaitement étrangère à tout ça. Si elle les a remarquées, ces filles, elle a dû les trouver tartes.*

Voici ce qui a dû se passer vraiment: d'abord elle s'ennuyait, Marylène. La lune de miel avec Pomme, ça ne pouvait pas durer bien longtemps. C'était du gentil mais du tout provisoire.* Alors on verrait Marylène au bar du Garden tennis-club. Pomme est à côté d'elle mais nous la voyons à contre-jour; elle s'efface peu à peu, à boire du lait-grenadine. Marylène sirote un gin-fizz. C'est cher mais ça donne du teint, de la consistance, de l'assurance. Et ça fait toujours bien dans un roman.

On s'installe à la terrasse, devant les courts. Elle examine les joueurs, Marylène, de manière à se faire examiner. On la verrait lissant du regard les capots des voitures de sport à l'entrée du terrain de golf. On l'entendrait jetant ses rires les plus sonores en tous lieux et par tous les temps (sirènes de brume). Pomme trottine derrière. Marylène a oublié Pomme, qui s'essouffle à suivre cette détresse extrêmement mobile (la digue, l'avenue de la Mer, puis encore la digue de 1800 mètres, etc.). Elle se sent, Pomme, confusément indiscrète. Elle fait semblant de rien. Dormir dans le même lit que Marylène, se laver avec elle, se laisser un peu caresser, ce n'était rien en fait d'impudeur à côté de l'exhibition par

Marylène de ses chaleurs félines. Et pourtant elle ne veut pas non plus, Pomme, elle n'ose pas rompre le charme, croit-elle encore, de leur tendresse mutuelle. Et puis ce qui devait arriver arriva, n'est-ce pas?

Marylène s'était éclipsée tout un après-midi. Elle avait dit 'je sors', au lieu de l'habituel 'on sort'. Pomme allait se lever, prenant sa respiration pour suivre Marylène puisque c'était dorénavant sa condition, quand le 'je' au lieu du 'on' atteignit sa conscience. Elle se rassit (ou plutôt elle ne fit rien, n'étant pas encore levée, mais elle eut l'impression de se rasseoir). Marylène avait déjà refermé la porte derrière elle. Pomme l'écouta descendre; puis elle entendit une chasse d'eau qu'on tirait à l'étage en dessous, puis peut-être un bruit de vaisselle, puis plus rien. Il faisait chaud (une rare canicule commençait ce jour-là. On s'en souvient encore à Cabourg). Pomme n'avait plus du tout envie de se lever. Elle s'assoupit un long moment. Elle fut réveillée par quelqu'un dans l'escalier. Ce n'était pas Marylène. Elle referma les yeux. Elle était extrêmement paisible. Dehors, des hirondelles criaient.

Ç'avait fait comme les lumières qui s'éteignent dans une salle de cinéma, juste avant la projection. Mais le film allait être pour Marylène. Pomme se rendait bien compte qu'elle n'avait jamais eu droit qu'aux entractes. Elle n'en conçut pas de tristesse: elle revint tout simplement à son implicite mais vieille et profonde certitude d'être une petite personne au fond négligeable.

Elle regarda l'heure. Il était encore temps d'aller à la plage. Elle aimait bien le soleil en fin d'après-midi.

Elle prit une douche car elle se sentait moite. Elle se laissa sécher sur le lit, pendant quelques minutes. Les draps, le plafond, les cris des hirondelles devinrent tout frais un moment. Elle se releva. Elle se regarda dans la glace de l'armoire. Elle se demandait si elle était plutôt belle ou plutôt laide. C'était toujours une surprise, pour elle, d'être toute nue. Il y avait des parties de son corps qui ne lui étaient pas familières. Elle regardait son ventre et ses seins comme furtivement, comme si elle avait été quelqu'un d'autre, peut-être un homme, ou peut-être un enfant. Ce n'était pas déplaisant. Elle mit son maillot et sa robe.

Mais une fois sur la plage elle se trouva tout d'un coup trop blanche, trop grosse au milieu des dorures à motifs sveltes de ces filles dont la nature semblait comporter de s'étendre au soleil, de devenir irrésistiblement des objets de contemplation. Et Pomme se demanda tout d'un coup quoi faire de ses mains, de ses jambes, de son corps, qui ne lui appartenaient que dans l'accomplissement de leur tâche. Car c'était cela, la nature de Pomme, et qui la rendait étrangère aux autres filles, sur le sable (pétales sur un plateau de vermeil): elle était née pour la besogne. Et, sans savoir au juste pourquoi, Pomme se sentait non pas exactement laide, mais incongrue sur sa serviette de bain. Il lui manquait, au moins ce jour-là l'aptitude à l'oisiveté. Les autres baigneurs, elle les voyait maintenant comme les automobilistes d'autrefois sur la route de son village: elle en était séparée par une vitre. De son côté de la vitre, face aux hommes et aux femmes nus, il y avait le monde du travail, c'est-à-dire une pudeur qui lui intimait à voix basse de se rhabiller.

En rentrant (mais Pomme n'avait pas décidé de rentrer: elle ne faisait qu'obéir à une main qui la poussait à l'épaule), Pomme aperçut Marylène. Elle triomphait, Marylène, dans un long char rouge à côté d'un homme à large mâchoire. Elle défilait dans l'avenue de la Mer, suivie d'un cortège d'autres voitures. Elle avait sur les gens, ravalés au rang de foule, des regards de chef d'État. C'était la reine, la shahbanou,* l'altesse. Et Pomme se sentit perdue dans la foule, souverainement confondue dans le public de Marylène par le léger sourire qui lui fut adressé, de si loin, de si haut qu'elle n'osa pas y répondre.

En remontant dans la chambre, Pomme vit tout de suite que Marylène avait emporté ses affaires. Elle trouva un petit mot: 'Tu seras bien mieux, ma chérie. J'ai emporté les cintres dont tu n'as pas besoin. J'ai mis des gâteaux pour toi sur le rebord de la fenêtre. Je t'embrasse très fort.'

Cette fois, Pomme eut un sentiment de réduction infinie: Marylène était partie en lui laissant quoi? De la nourriture!

III

Aimery de Béligné se fraya un chemin dans la foule des vilains* jusqu'à la grand-rue du bourg, qui s'appelait l'avenue de la Mer. Il portait un pourpoint et des hauts-de-chausses tout blancs. Il tenait de sa senestre, dans un fourreau de cuir (simili) rouge, sa raquette de tennis. Il était perdu dans de bizarres réflexions sur le monde présent et sur lui-même, comme l'indique assez son accoutrement. C'est alors qu'il remarqua Pomme, assise à la terrasse d'un pâtissier-glacier, les yeux baissés sur les dégoulinements d'une boule de chocolat: cette contemplation nourrissait en elle un discret sentiment de l'irrémédiable, et elle ne fit pas mine de repousser l'individu qui s'assit à côté d'elle.

C'était, bien sûr, Aimery de Béligné, qui commanda une glace au chocolat, 'et une autre pour Mademoiselle'.

Il avait fini de se présenter quand les coupes arrivèrent; il était étudiant à Paris, à l'École des Chartes.* Mais il était natif de la région, où se trouvait le château de ses aïeux (en réalité, il dit seulement 'de mes parents'); il y passait chaque année ses vacances. 'Et vous?' demanda-t-il à Pomme. Pomme regardait sa boule de chocolat toute neuve et se demandait ce qu'on pouvait bien apprendre à l'École des Chartes. Elle dit qu'elle était visagiste. Des gens passaient sur le trottoir. Un petit garçon se planta devant eux pendant quelques secondes. Il suçait un esquimau rose* et bavait un peu. Il avait l'air très soucieux pour ses trois ou quatre ans. Il se mit à se dandiner d'un pied sur l'autre en grattant tristement le fond de sa culotte. Tout à coup il détala.

Pomme avait le charme soudain d'une chose parfaitement belle, égarée dans le fatras d'événements plats auxquels seuls lui donnait droit son sort, qui est le sort commun. Mais en se saisissant de ce personnage, qu'il comparait à un pollen au hasard du vent, minusculement tragique, l'écrivain n'a su faire que l'abîmer. Il n'y a peut-être pas d'écriture assez fine et déliée pour un être si fragile. C'est dans la transparence même de son ouvrage qu'il fallait faire apparaître la 'Dentellière'; dans les jours entre les fils: elle aurait déposé de son âme, quelque chose d'infiniment simple, au bout de ses doigts; moins qu'une rosée, une pure transparence.

Or, maintenant ce n'est plus qu'une niaise petite fille, Pomme, qui répond à la terrasse d'un glacier aux avances d'un godelureau. Comment sentir encore que sous les grossières manipulations du style et du hasard, Pomme demeure une chose infime et légère, poignante par sa faiblesse parmi les choses du monde, et séduisante par son pouvoir d'être encore une autre, en vérité, que tout ce qu'on a pu dire d'elle?

Aimery de Béligné avait la tête mobile et brusque, le regard volatil, et le front haut comme s'il eût été déjà dégarni. Le visage était très long, le nez proéminait un peu, bourbonien,* sur les lèvres minces et le menton à peine marqué. C'était un garçon beaucoup moins déplaisant que ne l'eût fait présager sa première apparition dans ces pages.

Mais ce front abrupt, cette maigreur altière évoquaient si bien la solitude sur un rocher de quelque ruine médiévale qu'il se prenait quelquefois à l'imagination de chevauchées sur la lande ou dans les dunes. En fait il conduisait sa voiture avec beaucoup de prudence, à cause d'une légère myopie. C'était une 2 Chevaux* sa voiture, une très ancienne, de celles à qui le moindre défaut de la chaussée donne des flatulences. Mais il avait un sérieux, une dignité d'ecclésias-tique, le jeune homme, au volant de cet organisme. L'évoca-tion des fastes d'un passé d'où bourgeonnaient aujourd'hui son nez trop fort, sa myopie, sa timidité, derniers rejetons de l'arbre généalogique des Béligné, lui était un recours contre la roture de son engin, et du monde présent.

Aimery de Béligné avait au moins ceci de commun avec Pomme, de vivre dans un ailleurs qui le rendait un peu étrange, lui aussi. C'est une des raisons qui l'avaient fait devenir chartiste. L'ailleurs de Pomme, c'était l'infini cou-lant goutte à goutte, en chaque nouvelle candeur de cette âme vraiment incommensurable à toute autre, à ne con-naître aucune de ces prudences mesquines qu'on appelle intelligence, esprit.

Aimery était intelligent, lui, et fougueusement cultivé, ainsi qu'on peut le pardonner à son âge. Il était aussi très timide, et il s'en faisait reproche dans le soupçon, parfois, de répudier les goûts et les joies du commun de peur surtout de n'y point avoir l'accès facile, car il n'était ni beau, ni riche, ni drôle. (Du moins serait-il un jour conservateur en chef d'un grand musée national. Il allumait une cigarette.)

Quelque chose était en train de se passer. Aimery parlait à Pomme. Il parlait très vite et très petit, comme écrivent certaines personnes, en serrant les mots. Pomme ne disait rien. Une partie d'elle-même écoutait; mais seulement une petite partie. Tout le reste commençait à s'enfoncer dans l'eau tiède, presque un peu trop, d'une rêverie indéfinie. Quelque chose changeait. Pour le jeune homme aussi. Les gens allaient et venaient devant ce couple banal sans rien remarquer, sans même les regarder vraiment. Eux non plus ne voyaient pas les gens. Tout cela n'était presque rien. Peut-être une infime modification dans la teinte et la consis-tance des choses devant eux: de la boule de chocolat, évi-demment, mais aussi des coupes, et de la petite table ronde.

Rien n'avait laissé prévoir cet instant chez l'un ni chez l'autre. Aucun des deux n'y prêtait attention. Est-ce qu'ils se rendaient seulement compte qu'ils avaient déjà besoin de se revoir?

La voilà qui se déroulait, Pomme, elle jusque-là si close, l'âme en colimaçon: son silence faisait deux petites cornes du côté d'Aimery, se rétractant parfois, mais point complètement, quand le jeune homme posait trop longuement le regard sur elle.

Pendant un moment leurs pensées glissèrent côte à côte, solitaires. Chacun s'enfermait en lui-même, sans chercher à dévider le cocon où l'autre s'était de même enfermé. Ils ne sentaient pas que dans cette solitude, moins d'une heure après qu'ils s'étaient rencontrés, résidait le possible désir d'une vie à deux.

Ce désir devait être en eux depuis longtemps. Chacun devait l'avoir nourri d'une longue timidité, peut-être pas si différente, au fond, chez l'un et chez l'autre. Et c'était maintenant si fort, cette manière étrange d'indifférence à l'autre, ou peut-être même à sa propre émotion, qu'elle oblitérait l'image, le timbre de voix, le regard de l'autre. Quand ils se furent quittés ce soir-là, après s'être suggéré qu'ils se rencontreraient sans doute, sûrement, le lendemain, nul des deux ne put se rappeler exactement le visage de l'autre, quelque effort qu'il fît, soudain soucieux de ce qu'ils avaient vécu.

Cette plongée au cœur de soi-même et de son rêve intérieur a souvent une première apparence d'incongruité; celle, par exemple, de toutes ces questions que le jeune homme avait posées à Pomme, et dont il ne s'était pas encore avisé d'écouter les réponses. Mais les réponses viendraient en leur temps, bien plus tard. Pomme, elle, n'avait pas besoin de poser de question. Elle était de celles qui savent d'emblée qui est en face d'elles, en de telles circonstances. Ce n'était pas Aimery, mais quelque chose comme une certitude, quelque chose d'intérieur à elle, qui lui appartenait déjà. Un petit garçon de trois ou quatre ans vint se planter devant elle, pendant qu'Aimery parlait. Il suçait un esquimau Gervais, et il bavait. Pomme fit un sourire au petit garçon. Elle ne s'était jamais avisée qu'elle aimait les enfants. Elle aurait voulu le caresser, redresser la mèche de cheveux qui lui tombait sur l'œil. Mais il était juste un peu trop loin d'elle; il se dandinait d'un pied sur l'autre.

Ce soir-là, Pomme eut le sentiment d'une véritable innovation dans son existence; mais Pomme ne se rendait pas compte à quel point lui était familière, déjà, cette soudaine coloration de son âme et de ses joues. Elle ne se rendait pas compte que cette rencontre n'avait apporté de nouveau qu'un éclairement très vif sur une teinte d'elle qui existait peut-être depuis toujours.

Les choses n'étaient pas si simples pour l'étudiant. C'était un garçon à méandres. Pomme l'avait immédiatement séduit, il n'aurait pas su dire pourquoi. Ce qu'il pensait trouver en elle, il ne l'avait jamais cherché. Il ignorait même ce que c'était. Mais il faudrait bien qu'il le sache un jour. Le mystère de Pomme, il le mettrait à sa mesure, à lui. Il faudrait qu'elle devienne réellement, et vite, ce qu'il croyait, ce qu'il voulait d'elle, quand il saurait le dire. Il ne lui suffisait pas, à lui, que Pomme fût le prétexte, libre, de son rêve et de son besoin d'elle. Peut-être les femmes sont-elles d'habitude plus aptes à cette sorte de mystification de soi, capables quelquefois de passer toute leur vie avec un autre, véritablement, que leur compagnon.

Pomme s'endormit ce soir-là d'un sommeil qui l'emporta très loin dans le ventre de la nuit. Elle rêva qu'elle flottait, telle une noyée entre deux eaux. C'était un peu comme la mort, peut-être, mais une mort très paisible qu'elle aurait attendue depuis toujours, et qui aurait été son accomplissement, sa vraie beauté délivrée des gestes étroits de la vie. Elle dormit ainsi jusqu'à neuf heures vingt-cinq.

Le futur conservateur, au contraire, tarda beaucoup à trouver le sommeil. Il ne pouvait s'empêcher de remuer constamment, avec ses idées, dans son lit. C'est de Pomme qu'il s'agissait, bien entendu. Elle chevauchait à côté de lui sur la lande, coiffée d'un hennin. Il tenait un faucon sur son poing droit ganté de cuir noir, la main gauche sur le pommeau de sa dague; cependant il s'avisa qu'il ne pouvait pas tenir sur son cheval ainsi; il dut trouver une autre pose. Plus tard il la voyait étendue sur un lit à baldaquin. Elle était nue sous la transparence des voiles qui flottaient autour du lit. Un lévrier était couché contre ses talons joints. Ses cheveux blonds rehaussaient le brocart d'or des coussins où sa nuque fragile était posée.

Il s'endormit sur cette vision mais son sommeil fut agité. Les images se bousculaient. Il avait trop de rêves à la fois pour une seule nuit. Il se réveilla très tôt, fatigué d'avoir tellement erré parmi ses songes. Mais il se sentait plein d'énergie. Il s'avisa qu'il n'avait pas fixé de rendez-vous avec Pomme. Mais comme il avait toute chance de la rencontrer, il se félicita de cette petite incertitude qui mettait un peu de risque dans ce qui était déjà leur aventure.

Il était trop tôt pour se promener à la recherche de Pomme et il prit le parti d'aller jouer deux heures au tennis.

C'est précisément là que Pomme décida de se rendre juste après s'être réveillée, deux heures plus tard. Elle aussi venait de s'aviser qu'ils ne s'étaient pas donné de rendez-vous certain, mais elle savait bien qu'elle le rencontrerait tout de même; et puisqu'elle l'avait vu la veille en tenue de tennis, elle se rendit sans hésiter au Garden tennis-club. Elle eut juste le temps de le reconnaître dans sa 2 Chevaux au moment où il s'en allait. Lui ne la vit pas. Elle n'allait tout de même pas courir derrière la voiture. Alors elle revint tout doucement sur ses pas. Elle se promena longuement dans l'avenue de la Mer, aux alentours immédiats du pâtissier-glacier où ils s'étaient recontrés la veille.

Après sa partie de tennis, le futur conservateur s'était dit que Pomme serait certainement à la plage. Dès dix heures il avait décidé de se laisser battre par son partenaire pour finir la partie plus vite. Puis il se précipita littéralement dans sa voiture et prit le plus court chemin vers la plage. Et pendant que Pomme arpentait l'avenue de la Mer, lui-même ratissa par deux fois les dix-huit cents mètres de sable fin, grain par grain, corps par corps. Enfin il eut une illumination: Pomme devait certainement s'être rendue à l'endroit de leur première rencontre. Il courut presque jusqu'au pâtissier-glacier, tandis que Pomme trottinait vers la plage, par un autre chemin. Il s'assit à la terrasse, très déçu de ne pas la trouver là, mais plein d'espoir de l'apercevoir bientôt, de la distinguer tout à coup parmi les gens qui montaient et descendaient l'avenue. Sans pouvoir s'expliquer pourquoi, il était persuadé que Pomme arriverait par la droite. La gauche lui paraissait vide et hostile. Mais il jetait de temps en temps un coup d'œil à gauche. Comme c'était l'heure du déjeuner et qu'il avait très faim, il commanda deux gâteaux, tandis que Pomme, de son côté, ratissait à son tour les 1 800 mètres de la plage, cherchant avec une espèce d'avidité un corps qui devait être plus maigre et plus blanc que les autres. Mais elle ne trouva pas ce qu'elle cherchait.

Dans l'après-midi, le futur conservateur retourna vers la plage alors que Pomme se hâtait dans la direction du Garden tennis-club. Ils ne se croisèrent pas.

Ils étaient anxieux maintenant; l'un et l'autre: une grande, une violente passion était en train de naître, nourrie de leurs déceptions successives. S'apercevoir seulement, pouvoir échanger un seul mot leur aurait fait un délice auquel ils n'osaient plus qu'à peine songer. Un rendez-vous manqué peut unir deux destins plus sûrement que toute parole, que tous les serments.

Enfin, tard dans l'après-midi, l'un et l'autre accablés, harassés d'avoir tant couru, ils se dirigèrent à peu de minutes d'intervalle vers le même endroit. Pomme s'assit la première à une table sous les œillades du pianiste gardien de square.* L'étudiant pénétra quelques instants plus tard dans la salle du thé dansant. Il n'eut pas même besoin de simuler la surprise quand il vit le visage de Pomme, désespérément tourné vers lui.

Ils ne trouvaient absolument rien à se dire, et voilà cinq minutes qu'ils étaient assis l'un près de l'autre sous les encouragements indiscrets du gardien de square. Le futur conservateur avait très peur que Pomme n'eût envie de danser car il ne savait pas danser, et il ne se doutait pas que Pomme se doutait qu'il ne savait pas danser (il n'en était que plus intéressant aux yeux de la jeune fille). Alors il lui proposa d'aller jouer à la boule, à côté. (Il avait pris un peu d'argent, le matin, dans l'intention d'inviter Pomme à déjeuner et – pourquoi pas? – à dîner.)

On ne s'étonnera pas d'apprendre que Pomme n'était jamais entrée dans une salle de jeu. Elle était très intimidée; elle écarquillait tous ses sens, pénétrée de ces impressions nouvelles: la grande table verte et le tourniquet où la bille rebondissait, puis s'arrêtait doucement, comme aimantée par les regards; il y avait aussi l'homme en noir qui prononçait les paroles rituelles, établissant le contact, la tension entre les regards et la bille: 'Les jeux sont faits?... rien ne va plus.' Sa voix traînait un peu sur le 'rien', et se durcissait tout d'un coup au tranchant du 'plus'.

Confiant dans la chance qu'il venait de retrouver, le futur conservateur changea son billet de dix mille en jetons de cinq francs. Il expliqua le jeu à Pomme et lui donna la moitié de ses jetons. Il lui fit savoir qu'il y a des règles mathématiques qui permettent de dominer le hasard et qu'il les connaissait (tout étonné lui-même de sa forfanterie). Pomme était émerveillée de découvrir ces choses et qu'on pût ainsi gagner de l'argent à simplement se divertir. La vie était bien plus excitante qu'elle n'avait osé le croire jusque-là.

Le futur conservateur perdit son argent en moins de dix coups car il mettait deux jetons à la fois de peur de paraître timoré. Pomme fut un peu plus longue à rendre son dernier jeton car ce n'était pas son argent, elle était très confuse de perdre.

Donc il n'avait plus un sou pour l'inviter à dîner, c'était embarrassant. Il n'avait pas encore parlé comme il voulait à Pomme (mais qu'avait-il donc à lui dire?): ils ne pouvaient pas se quitter comme ça.

Pomme vint à son secours et lui proposa de monter chez elle, il y avait de quoi manger. Il pensa que c'était une idée charmante, ou plutôt il lui dit qu'il pensait que c'était une idée charmante. En entrant dans la chambre, pourtant, il se rendit compte qu'il n'avait été tiré d'embarras que pour un embarras plus grand encore ; il était seul, dans une chambre, avec une jeune fille : est-ce qu'il ne faudrait pas, tout à l'heure, qu'il la prenne dans ses bras ? Il la regarda ouvrir une boîte de haricots verts avec un ouvre-boîtes, puis les verser dans un saladier où elle avait auparavant mélangé l'huile Lesieur au vinaigre, avec une pincée de sel. Il ne voyait que son dos et il se demandait si ce dos portait la marque d'un émoi, d'une attente.

Ils mangèrent les haricots en salade sans que le jeune homme ait pu déchiffrer les desseins de la jeune fille, qui du reste n'en avait pas. Elle était simplement contente d'être avec le jeune homme, de dîner avec lui, et elle ne s'inquiétait pas du silence du jeune homme qui, lui, se morfondait de ne rien trouver à dire à la jeune fille.

Cette fois, en se quittant, ils prirent garde à se fixer un rendez-vous. Il lui fit répéter deux fois l'heure et le lieu. Il s'en alla ensuite, sans que rien se soit passé entre eux, mais comme un client qui sort d'un magasin où il vient de retenir un objet avec des arrhes.

Les jours suivants, il l'emmena dans sa voiture, le plus loin possible de la plage, des gens. Il la rendait différente des autres et de leurs alignements triviaux de corps sur le sable. Ils virent Honfleur, et les hautes maisons couvertes d'ardoise sur l'eau calme du vieux port. Pomme avait une chemise vert bouteille, qui lui couvrait le haut des bras, une jupe courte, très serrée, un sac et des chaussures à talons, en cuir verni rouge. Aimery lui fit acheter un panier et des sandales de corde. Tout le cuir rouge fut dissimulé dans le panier. Aimery commençait l'éducation de Pomme. Par exemple il n'aimait pas les deux petits anneaux d'or qu'elle avait aux oreilles. Elle les portait depuis qu'elle avait huit ans : elle lui dit comment le bijoutier lui avait percé le lobe des oreilles, avec une aiguille. Elle était allée à la ville pour la première fois, ce jour-là.

Au-dessus de Honfleur, sur la côte de Grâce, il y avait une chapelle où Pomme lut attentivement les ex-voto des anciens navigateurs à voile. De cette hauteur on apercevait l'estuaire de la Seine, et plus loin la mer, subjuguée (miroir parfaitement lisse à cette distance) par les masses énormes des pétroliers, horizons lentement déplacés.

Une autre fois on s'en fut voir la tapisserie de la reine Mathilde,* à Bayeux, qui ressemble aussi à l'horizon sur la mer. Aimery lut et traduisit à Pomme l'histoire de Guillaume, dont on voyait les armées s'embarquer dans des vaisseaux de la taille d'une baignoire.

Une autre fois on s'en alla sur la falaise, entre Villers et Houlgate. On voyait toute la côte, du Cotentin jusqu'au Havre. 'Que c'est beau', dit Pomme. Et elle ajouta: 'On dirait une carte de géographie.' Aimery répondit quelque chose qui commençait par 'la mer, la mer toujours recommencée...',* ce qui n'était pas mieux.

A présent qu'il était intime avec elle, il n'était plus tellement anxieux de deviner au bon moment si elle attendait de lui qu'il eût un geste amoureux. Bien sûr il faudrait en arriver là, même si ce n'était pas ce que lui suggérait d'emblée la sorte d'amour, précisément, qu'il pensait avoir pour elle; mais les situations ont leurs exigences propres, auxquelles on doit tôt ou tard se soumettre, il le savait bien. Il voulait cependant que ce ne fût pas trop tôt. Il se doutait que son rêve d'elle pourrait bien prendre fin s'il venait à la posséder en réalité, et pour l'instant il se plaisait à faire en quelque sorte, avec ses promenades, ses visites, son cours élémentaire de poésie, la toilette morale de la fiancée. Il la préparait pour le grand moment, sans d'ailleurs qu'il pût fixer exactement quand cela aurait à être.

Le climat frais et vivifiant de Cabourg est particulièrement recommandé aux enfants, aux vieillards, aux convalescents. Des leçons de gymnastique sont organisées sur la plage, sous la direction d'un moniteur agréé. Les adultes peuvent s'y inscrire. Outre le tennis et le golf, de nombreuses activités sportives ou distractives* s'offrent au choix des vacanciers: équitation, école de voile, club de bridge, et, bien sûr, le Casino, avec son orchestre typique, sa boule, sa roulette, et tous les samedis une soirée de gala, animée par une vedette du music-hall.

La plage de sable fin est large, surtout à marée basse; on peut louer une cabine ou un parasol. Tout est prévu pour la distraction des enfants et la tranquillité des parents: promenades à dos d'âne ou de poney, terrain de jeux constamment surveillé, et chaque semaine un concours de châteaux de sable doté de nombreux prix.

Parmi les festivités régulièrement organisées par le syndicat d'initiative, dirigé depuis vingt-trois ans par le dynamique et toujours jeune P.L.,* on notera surtout le corso fleuri, à la fin du mois de juillet. C'est à juste titre que Cabourg est appelée 'la plage des fleurs', et ce jour-là davantage encore que les autres: les commerçants de la ville rivalisent d'imagination et de goût dans la décoration des chars qui défilent sur la digue. Les enfants des écoles et de la paroisse jettent sur la foule des pétales de roses. Quelques jours plus tard, c'est le grand concours d'élégance automobile, également sur la digue. La distribution des prix se fait au Casino. Au cours de la même soirée les Messieurs de l'assistance* participent à l'élection de miss Cabourg, parmi les jeunes filles présentées par le sympathique président du syndicat d'initiative.

Le visage de Pomme avait quelque chose de net et de lisible. Pourtant on n'y pouvait rien déchiffrer que de très naïf et de décevant. Mais s'agissait-il de lire? L'étudiant se plaisait à la pensée qu'il devait y avoir là comme un message, provisoirement indéchiffrable. Or la substance dont Pomme était faite, aussi précieuse la devinât-on, se révélait d'une opacité sans défaut, comme un bijou dont la perfection eût été de n'avoir point d'éclat.

Et les efforts d'Aimery pour se saisir de Pomme, pour y déposer des couleurs, des reflets selon ce qu'il voulait croire d'elle, échouaient tous de la même manière. La jeune fille était d'une pâte facilement malléable, mais avec la propriété de perdre aussitôt l'empreinte qu'on y avait faite. A la moindre inattention de lui, elle redevenait une sphère parfaitement blanche.

Pomme semblait se pénétrer des paroles d'Aimery, des paysages qu'il lui enjoignait d'admirer, ou de la musique, par exemple de cette symphonie de Mahler entendue sur le transistor que Marylène avait oublié dans la chambre meublée.

Et le jeune homme avait découvert peut-être ce qui faisait la beauté secrète et sans rayonnement de Pomme. C'était un ruisseau sous les grands arbres noirs d'une forêt bavaroise, dont le cours n'avait nulle fontaine terrestre mais s'alimentait aux averses du soleil entre les sapins. Le soleil faisait alors sur l'herbe une sorte d'obscurité.

Pomme s'était doucement levée, après la dernière note de la symphonie; elle avait détaché ses mains du poste de radio et les avait portées à son visage comme pour recueillir les ultimes bruissements des hautes branches entremêlées de la musique et de son âme. Puis elle était allée faire la vaisselle qui restait du déjeuner.

Or n'était-ce pas cela, Pomme: un rêve qui s'achevait dans la mousse d'un évier, ou dans les touffes de cheveux sur le carrelage du salon de coiffure? La simplicité de la jeune fille avait de naturelles connivences avec les effets les plus subtils de l'art; elle en avait de même avec les choses, avec les ustensiles. Et l'un n'allait peut-être pas sans l'autre. La beauté soudaine et non délibérée qui émanait de Pomme à ses tâches quotidiennes, lorsqu'elle lavait, qu'elle préparait à dîner, empreinte de la simple majesté de son geste de 'Dentellière', était du même au-delà, sans doute, qu'une symphonie de Mahler.

Mais cela, l'étudiant n'aurait su l'admettre. Il n'était pas si simple, lui. Il fallait que le beau, que le précieux aient leur lieu propre, très loin du reste du monde où règnent le banal et le laid. Et Pomme ne pouvait plus être exquise (elle n'en avait plus le droit) dans les tâches ou dans les gestes qui lui faisaient quitter la région supérieure, hors du monde, où ils avaient écouté de la musique.

Il n'était pas tout à fait insensible, pourtant, à cette unité constante et proprement inespérée de Pomme avec elle-même, de Pomme avec les objets qu'elle touchait. Cependant cette sollicitation faite à son pouvoir et à son désir même d'admirer et d'aimer restait par trop illicite. Il en éprouvait une espèce de ressentiment à l'encontre de Pomme, même s'il ne se le formulait pas: elle était si proche, en vérité, de ce qu'il attendait d'elle, mais si loin de ce qu'il avait choisi de voir.

Il pourra lui arriver ce qu'on voudra, à Pomme, au fond ça n'a pas d'importance. Elle ne sera rien d'autre que son histoire, tout entière dedans comme elle est tout entière dans ses gestes. C'est à n'être rien, ou presque rien, peut-être, qu'elle évoque si fort une sorte d'au-delà, d'infini. Et puis quand on cherche à la soustraire à la simple rencontre des choses en elle, et peut-être sans elle, quand on voudrait savoir enfin qui elle est, vraiment, alors elle s'échappe, elle disparaît comme si elle n'avait jamais été qu'une imagination, qu'une illusion.

Elle aime les promenades, à présent, comme Aimery; elle déteste la plage, comme lui. Elle lit un livre qu'Aimery lui a donné. C'est *L'Astrée,* * sous une vieille reliure de cuir brun. Elle aime la couverture du livre.

Pomme attirait souvent les regards, remarqua un jour le futur conservateur. Et c'étaient des regards sans équivoque, d'une franche concupiscence. Cela le flattait un peu, de marcher à côté d'une fille qu'on lui faisait ainsi savoir désirable; mais en même temps il se trouvait gêné d'éprouver pour elle plutôt une sorte d'attendrissement, au fond très chaste. Les regards qu'il voyait porter sur elle donnaient sans doute du prix à la jeune fille, mais en lui enlevant la sorte de valeur que lui, prétendait y trouver. Et bientôt ces regards l'irritèrent. Il en concevait une étrange jalousie, celle de se voir dérober ce que lui-même ne tenait pas à prendre.

Et quand il décida de faire l'amour avec elle, deux semaines après leur première rencontre, ce fut aussi dans une volonté sombre, inquiète et finalement pusillanime, d'en finir sans doute avec l'incertitude de son sentiment, avec cette sorte de remords ou de soupçon de ne pas savoir qui était Pomme, qui elle aurait été pour lui. Il ne cherchait plus à s'assurer qu'elle était précieuse quelque part en un séjour lointain. Il avait peur de l'aimer, au contraire, de s'attacher à elle. Il n'y avait pas quinze jours qu'il la connaissait et déjà, Dieu sait comment, elle faisait partie de ses habitudes; elle avait pénétré sa vie, elle l'imprégnait, comme l'eau se mélange au Pastis 51.* Mais il n'acceptait pas qu'elle pût un jour lui manquer. Il devait la réduire, et en même temps l'écarter de lui.

Et puis c'étaient les derniers jours de vacances. L'un et l'autre allaient rentrer à Paris. Le jeune homme craignait malgré lui que la Dentellière ne lui fît quand ils partiraient un adieu sans façon et sans espoir. Et cette crainte révélait en lui le sentiment, pour une fois, de la personnalité de Pomme: elle l'aimait, à n'en pas douter, mais elle aurait tout simplement cassé le fil de leur histoire entre ses dents, et rangé son ouvrage sans paraître y songer davantage. Alors il voulait lui faire savoir qu'il tenait d'une certaine manière à elle, à condition de ne pas le lui dire. Il se serait jugé ridicule alors. Il l'aurait été en effet, car ce qu'il éprouvait pour elle ne pouvait pas être 'appelé' de l'amour, même si cette inquiétude était en quelque sorte (mais alors en vérité) de l'amour.*

Cependant il ne la désirait pas. Il était bien trop occupé par toutes ces questions pour la désirer. Son corps était empêché. Plus d'une fois il avait cru sentir ses lèvres affleurer la peau tiède et légèrement ambrée de la jeune fille, à l'endroit où la nuque se détache de la bretelle du soutien-gorge. Mais rien ne s'était passé: il lui avait parlé comme d'habitude, et des paroles seulement avaient pris la place que le regard venait d'assigner aux lèvres.

Alors il lui parla encore. Gauchement, mais la jeune fille ne s'esclaffa point. Elle parut réfléchir un instant; puis elle dit que ce serait 'quand il voudrait'. Aimery fut soulagé, mais en même temps désappointé par une aussi simple réponse. Cela ne correspondait pas à l'effort qu'il avait fait pour s'exprimer ni surtout, pensait-il, à la gravité de la circonstance. Pomme lui avait déjà laissé entendre qu'elle était vierge. Il le croyait. Alors, alors, pourquoi cette si facile soumission? Cela n'avait-il donc aucune importance pour elle? S'il avait été conséquent avec lui-même il ne se serait pas posé cette question. N'avait-il point subodoré l''inimportance' pour la jeune fille de leur possible séparation?

On arrêta que ce serait pour le soir même. Pendant le reste de la journée, passée comme les autres à se promener soigneusement par les petites routes de l'arrière-pays, Pomme ne se montra nullement troublée. Elle convint avec Aimery que les sites étaient bien sublimes, ce jour-là comme les autres. Quand ils descendirent de la voiture, sur le chemin du retour, pour marcher sur la jetée du port à Ouistreham, elle lui prit la main.

C'est là qu'ils dînèrent ensemble, face à face. A plusieurs reprises elle posa encore sa main sur la main du jeune homme. Lui, regardait avec étonnement le visage de Pomme, où rien ne se donnait toujours à lire. Il se rappelait la décision qu'ils avaient prise le matin; c'était comme un très ancien souvenir. Il se disait que Pomme, maintenant, lui tenait la main, que lui-même laissait sa main dans celle de Pomme, doucement, et qu'ils faisaient un très vieux couple. Un calme courant de tendresse passait d'un bord à l'autre de la table, parmi les assiettes, les verres à moitié pleins, et les plats. Et sous l'éclairage de ce sentiment, le visage de Pomme devint brièvement mais nettement déchiffrable, dans son opacité même: c'était le visage de sa femme.

Pomme eut un léger frisson un peu après la salade verte. Il alla prendre le châle qu'elle avait laissé dans la voiture et le lui posa sur les épaules. Elle lui dit 'merci'; elle eut un sourire de jeune femme enceinte. Alors l'étudiant réprima un mouvement de révolte: ou bien il s'était fait jouer, prendre au piège; ou bien il allait commettre un acte abominable avec cette créature tellement désarmée. Il alluma une cigarette.

En rentrant à Cabourg, il compta les bornes kilométriques jusqu'à l'entrée de la ville. S'il y en avait un nombre impair, il ne monterait pas dans la chambre.

Or, il ne s'agissait plus de vouloir ou de ne plus vouloir: les choses avaient décidé. Ce qui allait maintenant se passer entre Pomme et le jeune homme, c'était déjà la fin de leur histoire. Aimery le soupçonnait, mais il ne pouvait plus rien arrêter: cela fit comme la soudaine conscience d'une lassitude pendant une promenade, qu'il aurait alors voulu tout de suite interrompre; mais il restait le chemin du retour. Durant tout ce chemin la promenade n'en finirait pas d'être déjà terminée, pour lui.

Jusqu'au tout dernier moment, il avait cru rester libre encore d'arrêter cette aventure, ou d'en dévier le cours (le promeneur voyait encore la colline d'où il était parti: il pouvait y retourner instantanément par la pensée). Rien n'était fait; il pouvait ne s'être rien passé, sauf une brève excursion avec une jeune fille d'un autre univers dont il garderait le souvenir entre deux pages d'un volume d'Ovide ou de la grammaire de Plaud et Meunier.* Mais c'était quoi, au juste, ce 'dernier moment' avant qu'il soit trop tard? Était-ce avant qu'il ne fît sa proposition et qu'elle l'acceptât, ou bien avant qu'ils ne l'accomplissent?

En tout cas, tout s'était déroulé ce jour-là comme s'ils avaient été l'un et l'autre habités et dominés par une force qui leur fût étrangère, à la manière dont les règles du langage dominent notre parole. Il faut bien dire à la fin ce qu'on n'avait pas à dire. Et cela s'était accumulé depuis l'instant où ils s'étaient rencontrés. Peut-être même était-ce réellement antérieur à cette rencontre. Il y avait eu un commencement à cela, avant que cela ne commençât. Et maintenant c'était la fin, avant que rien ne fût terminé. En rentrant d'Ouistreham, l'étudiant voyait passer les bornes avec une sorte d'amertume. S'il en comptait un nombre impair, il ne monterait pas dans la chambre. Mais il savait qu'il y en aurait dix-huit. Il savait aussi que ce 'trop tard' avec lequel il avait joué comme un enfant avec le feu, c'était maintenant. Il n'avait pas envie de Pomme, ni surtout de vivre avec elle. Pourtant il allait vivre avec elle, au moins quelque temps. Pourquoi tout cela? Simplement parce que c'était commencé, et puis parce qu'il y avait une règle à cela: il n'aurait su dire au juste laquelle. Mais il avait commencé, il fallait une fin. Aimery suivit Pomme dans l'escalier, cette nuit-là, dans une espèce d'obéissance malgré lui, avec le sentiment de faire quelque chose de vaguement absurde. Tout ce qui allait suivre maintenant serait de trop.

Elle s'était déshabillée elle-même, posément, comme elle devait le faire chaque soir. Elle avait remis son pantalon dans ses plis avant de le laisser sur le dossier d'une chaise. Le jeune homme était resté médusé devant un tel calme; et sa quête, depuis le matin, d'un geste de son corps vers le corps de Pomme lui parut un effort, une difficulté vraiment risibles auprès de ce si simple et muet sang-froid. Mais il ne savait pas que Pomme, d'habitude, était moins méticuleuse.

Elle s'était glissée entre les draps, et elle l'avait attendu, toujours sans un mot. Lui non plus ne trouvait quoi dire. Mais il l'avait aperçue l'instant d'avant qu'elle se faufilât dans le lit, nue, légèrement recroquevillée comme si elle avait eu froid. Et l'offrande, mais aussitôt dérobée, de ce corps tout à coup inestimable de n'avoir été vu qu'une seconde, dans une effraction timidement consentie, avait porté la main du jeune homme jusqu'au drap; Pomme avait été lentement dévoilée par cette main à son tour méticuleuse.

Il lui avait fait l'amour dans un profond recueillement, et toujours dans le même geste de dévoilement. Il avait déjà connu ce plaisir, mais jamais encore cette émotion. Cependant l'émotion prit fin avec le plaisir, comme privée de sa source, qui n'était donc pas la jeune fille elle-même.

Ensuite ils avaient parlé de leur vie ensemble à Paris, dans la chambre de l'étudiant.

Pomme s'endormit. Aimery l'écoutait respirer. Rien n'avait changé. C'était toujours la même paix, inaccessible, incompréhensible. Il restait seul. Il aurait voulu la réveiller, la secouer, qu'elle lui dise quelque chose, qu'elle était heureuse, ou triste, peu lui importait. Il se leva du lit. Il alla vers la fenêtre. Le ciel était une laque noire. On ne voyait pas de manteau d'étoiles resplendir. Une goutte de pluie tomba, chaude. Puis, plus rien. Pas de vent. On entendait la mer, très loin. Il ne voulait pas la réveiller. A quoi cela servirait-il? Elle ne serait pas moins absente qu'au fond de son sommeil. Alors il attendit que le jour vienne. Il n'était pas malheureux. Pas même déçu. Il prenait patience. A Paris, cela serait sûrement différent. Et puis le temps passerait. Il se demandait s'il penserait encore à Pomme après qu'ils se seraient quittés. Il avait un peu la nostalgie de son avenir.

Le jeune homme fut présenté à la maman de Pomme, du côté de Nanterre ou de Suresnes. Pomme fit l'interprète, comme entre deux chefs d'État qui ne parlent pas la même langue. Tout le monde était très intimidé. Le jeune homme se montra cérémonieux. La dame lui fit savoir tout bonnement qu'elle était 'à son service'.

On s'installa le même jour dans la chambre de l'étudiant, qui était au juste une vilaine mansarde, au 5 de la rue Sébastien-Bottin.* Mais l'immeuble avait une apparence bourgeoise, du moins tant qu'on n'était pas parvenu jusqu'aux combles. Pomme ne sut tout d'abord cacher sa surprise en voyant l'extrême modestie du logis. Cela ne convenait pas à ce qu'elle se figurait de son ami. Et puis dans une chambre sous les toits il aurait dû y avoir des fleurs à la fenêtre, de jolies cartes postales épinglées aux murs, un couvre-lit tout bariolé, une guitare, du papier à musique à même le sol, des bougies pour l'éclairage. La pauvreté, pour un étudiant, ce n'était après tout qu'un bon moment à passer. Elle avait vu, Pomme, la jeunesse de Schubert à la télévision.

Elle ne fut pas longue à prendre possession du lieu en ses moindres recoins. Elle lessiva les murs et cira le parquet. Elle rangea les livres par taille et par couleur; elle acheta du tissu pour faire des rideaux; elle couvrit les étagères du placard avec du papier glacé, parce que c'était plus propre. Enfin on changea le petit lit de l'étudiant contre une grande couche d'un mètre quarante. On dut expulser la table de travail, coincée contre la fenêtre qui ne pouvait plus s'ouvrir. On choisit l'artifice d'une table de bridge qu'on pouvait glisser sous le sommier du lit quand on ouvrait la fenêtre ou quand on voulait jouir d'un peu d'espace.

Pomme voulut faire de la cuisine. Il y aurait un bouquet de fleurs sur la table de bridge. On acheta une plaque chauffante. Il fallut transformer une des prises électriques. Aimery maugréait un peu qu'il aurait des ennuis avec sa propriétaire, qu'il n'était pas bien sûr d'avoir le droit, que ça ferait des odeurs. Il accepta quand même de fixer la nouvelle prise à la plinthe: c'était un travail d'homme.

On fit l'acquisition d'une petite armoire murale pour y ranger les affaires de toilette quand c'était l'heure où le lavabo devait se transformer en évier.

Ça l'amusait plutôt, Aimery, de vivre dans une image, avec des petits rideaux de vichy blanc et bleu. Il ne regrettait point de partager son peu d'espace et de devoir faire le compte exact de ses papiers, de ses livres, toutes les fois que la table de travail avait à disparaître sous le lit: souriantes promiscuités de l'amour dans une mansarde.

Pomme se levait la première, le matin. Il la regardait se laver: elle avait deux fossettes à la naissance des fesses, et les épaules toutes rondes. Elle s'habillait très vite et sans faire de bruit. Elle venait l'embrasser dans le cou. Il faisait semblant de s'éveiller alors, mi-souriant, mi-grognon. Il se levait quand elle était partie. Il descendait prendre son café-crème au *Jean-Bart.** Avec deux croissants. Il méditait une demi-heure sur son avenir. Il pensait à Pomme, par intermittence.

Pomme assumait avec gentillesse et gaieté les frais supplémentaires du ménage; elle avait la présence légère; elle savait disparaître au gré parfois taciturne du jeune homme au front pensif.

Elle rentrait vers huit heures, le soir, les provisions faites. Comme c'était encore les vacances pour l'étudiant, celui-ci restait à lire dans la chambre, ou bien il profitait des belles journées de septembre pour se promener, sur les quais, dans les jardins des Tuileries. Il passait parfois une heure au Louvre. Ce serait une des époques les plus heureuses de sa vie. Jamais il n'avait goûté pareille saveur de liberté, de paix avec soi-même. Il flânait tout l'après-midi. Il ne rentrait qu'au soleil couchant, par le pont des Arts, l'Institut, la rue de l'Université: sa vie d'alors aurait été, pensait-il, nourrie du sens le plus riche de ces noms prestigieux. C'était quand même autre chose, non, que d'habiter la rue Edmond-Gondinet dans le XIIIe, ou la place Octave-Chanute, au-dessus d'un Félix Potin!* Il se souvenait de Pomme au moment de remonter dans la chambre. Parfois il essayait de la retrouver chez les commerçants.

Il lui avait appris à s'habiller, à Pomme: c'était d'un autre style que celui du salon de coiffure. Elle avait des blue-jeans, maintenant, et des espadrilles comme à la plage (elle mettait une jupe et des souliers vernis pour aller travailler). Elle s'était laissé convaincre de ne plus porter de soutien-gorge sous ses chemisettes. Elle avait la poitrine un peu grasse, mais ronde, et tendre comme le rythme lent d'un tango. Pour aller avec l'étudiant sur la place Saint-Germain, le samedi soir, elle se faisait des bouclettes avec son fer à friser.

Voici donc nos deux personnages en situation. Pomme fera le ménage. Aimery fera des projets. Elle n'aura pas le temps, Pomme, de participer aux projets d'Aimery. Ce n'est pas son rôle; c'est au présent qu'elle doit vivre. Quant aux projets du garçon, ils le dispensent à peu près de toute activité. Pomme et l'étudiant vivront, dans l'intimité factice de leur chambrette, deux existences absolument parallèles. Aimery s'en trouvera satisfait, car l'essentiel, pour le futur conservateur, c'est qu'on ne le dérange pas. Et pomme ne le dérangera pas; elle fera mieux: elle s'interposera entre les choses et lui, afin que les choses ne viennent pas à le distraire de ses lectures et de ses méditations.

Mais l'important c'est qu'elle aussi, elle surtout, se jugera satisfaite du partage: quand son ami, par courtoisie ou machinalement, fera mine d'essuyer une assiette qu'elle aura lavée, ou de retaper le lit, la jeune fille s'insurgera: il ne devra pas faire ça: il ne devra pas savoir le faire, car c'est à ce prix qu'il pourra lire, étudier, réfléchir, et Pomme se fera une obligation et un privilège de le payer. Ses humbles tâches, dédiées à l'étudiant, deviendront un peu de son savoir, de sa substance. Il y aura un peu d'elle, en lui. Elle ne demande rien d'autre.

Par son adoration obstinément ouvrière, la jeune fille faisait en sorte, semblait-il, de disparaître dans l'accomplissement de ses besognes. Et ce perpétuel effacement d'elle-même et des choses, juste avant qu'elles pussent toucher son ami, faisait comme l'ouverture d'une foule au passage du souverain. L'étudiant se voyait entouré, pressé de toutes parts, obsédé pour ainsi dire, mais par quelque chose qui s'esquivait au dernier moment. Le service d'ordre de Pomme était impeccable. Il y avait même une espèce d'indiscrétion dans cette prévenante et méticuleuse absence de la jeune ménagère. Le garçon eût souhaité se voir entouré de moins d'attentions.

Il ne put s'empêcher d'apprécier bientôt les longues journées de solitude, pendant que Pomme gagnait sa vie. Il se disait qu'il l'attendait. Et c'est ainsi qu'elle se mit à exister pour lui, une absence d'elle chassant l'autre.

Ce soir-là, la jeune fille, bleutée, sur le lit, les draps ouverts. Son existence s'irradie, très forte, depuis cette brume, à l'origine de son ventre, qui est son centre. La lampe est un petit glaçon, au mur, dans la nuit moite.

L'étudiant, penché à la fenêtre ouverte, regarde passer le toit d'un autobus. Il s'est rhabillé d'une robe de chambre: on dirait une redingote.

Immobilité. La chambre est un musée de cire.

La jeune fille ferme doucement les jambes. Le jeune homme ferme la fenêtre. Il reste un instant le dos tourné. La lampe continue d'exister, seule.

Il y avait quelque chose de poignant dans ce silence qui vivait à côté de lui. Exprimait-il seulement, mais avec une impressionnante, une presque brutale ingénuité, que les âmes sont des univers inéluctablement parallèles, où les embrassements, les fusions les plus intimes ne révèlent que le désir à jamais inassouvi d'une vraie rencontre? Il semblait alors au jeune homme que chacune de ses paroles avec Pomme était un rendez-vous manqué. Il regrettait ses confidences, que personne en vérité n'avait entendues.

Mais parfois il se disait que si Pomme ne l'entendait pas, lui, par contre, la comprenait, et qu'ils formaient un couple au moins parce qu'il était le seul à pouvoir la comprendre, par-delà les mots qu'elle ne savait pas dire. De cette manière ils étaient faits l'un pour l'autre, un peu comme la statuette ensevelie, qui n'existe plus à l'intention de personne, et l'archéologue qui l'exhume. La beauté de Pomme était celle d'une existence antérieure, oubliée, différée sous les débris de mille vies misérables, comme celle de sa mère, avant que ne se révèle dans ce corps et cette âme parfaitement simples le secret de toutes ces générations, finalement sauvées de leur nullité: car c'est cela que signifiait le surgissement précieux de la si pure petite fille. Et c'était bien cela que cherchait le jeune homme, et de même l'étudiant, le latiniste, le cuistre. Il n'y avait pas d'autre raison à sa perpétuelle anxiété, à ses refus réitérés du monde présent, que le désir de rencontrer un jour une beauté parmi les autres beautés, mais qui fût différente d'elles, qui ne fût pas concertée, qui fût une grâce du hasard, un pur surgissement, comme était justement Pomme.

Mais alors il se demandait s'il n'y avait pas tout simplement des milliers de filles comme elle. N'était-ce pas lui qui déposait en elle ce dont il avait besoin, et qu'il croyait deviner d'elle? Pomme était pour lui un perpétuel et difficile acte de foi: avait-elle voulu son aventure avec lui, ou bien s'y était-elle résignée, comme toutes celles qui s'abandonnent aux gestes de l'autre, dont elles n'espèrent rien, mais parce que l'effort de s'y soustraire n'a pas de sens non plus? Et le plaisir qu'elle y trouvait faisait-il même partie de son dessein? Ce n'était pas sûr: il semblait au contraire que Pomme en fût la première surprise, confuse; on aurait cru qu'elle cherchait à s'en excuser.

Aimery se disait qu'après lui Pomme connaîtrait dix, ou vingt, ou cent autres hommes dont elle deviendrait l'amante, un soir, un an, ou même toute une vie si l'idée venait à quelqu'un de l'épouser. Tous ces faux mouvements ne la réveilleraient pas de son sommeil solitaire. Il pensait avec une espèce de dégoût, d'humiliation, à ces filles soumises au désir du premier venu, qui n'est pas la réalisation de leur propre désir mais plutôt sa limite, son annulation, et de même l'annulation de leur personne, moins par l'indifférence de l'autre que par sa propre indifférence à soi.

Alors le jeune homme se faisait grief d'attacher le moindre prix à cet être et de donner de son affection à ce que les autres, soupçonnait-il, n'avaient qu'à prendre.

Son obsession d' 'autre chose' lui faisait prendre pour de l'or une simple pacotille, par terre, que nul peut-être ne se serait donné la peine de ramasser. Et le privilège d'être le seul à 'voir' véritablement Pomme, grâce à quoi Pomme devenait précieuse, se faisait à de certains moments le soupçon mortifiant d'être un benêt, un sot, un puceau en extase devant une petite oie blanche.

Il reprochait à Pomme de ne rien exiger de lui, et de n'accorder ainsi nulle valeur à ce qu'il voulait lui donner. Mais il semblait qu'elle ne désirât rien prendre. Il pouvait se montrer désagréable, refuser de lui parler pendant toute une soirée, c'était toujours lui qui finissait par céder, ému de sa propre dureté, sans que Pomme se fût plainte et lui eût rien

demandé; alors c'est la dureté de Pomme qui le confondait.
Il allumait une Gitane-filtre.

Maintenant il évitait de passer avec elle de longs moments
d'oisiveté, à cause de ces silences, d'elle, de lui, et d'elle
encore. Le soir, après leur bref repas, il reprenait simplement ses lectures de l'après-midi, dans des livres empruntés
à la bibliothèque. Pomme s'affairait à la vaisselle, très longuement; comme si elle avait eu peur de rester inactive
devant lui. Et quand elle avait fini avec la vaisselle, ou bien
avec le linge, elle feuilletait attentivement des livres de chez
Gallimard* qu'il lui avait dit de lire. Ses doigts sentaient bon
le Paic-Citron.*

Il y avait les dimanches. Aimery les passait quelquefois
dans sa famille; mais il n'aimait pas laisser Pomme derrière
lui (comme une fenêtre qu'il aurait oublié de fermer). Alors
il restait le plus souvent avec elle. Cela lui épargnait du
moins d'imaginer la jeune fille, toute seule, incapable même
de s'ennuyer, mais affairée pour l'amour de lui à de déri-
soires besognes. Toutes les fois qu'il revenait de Normandie,
le dimanche soir, il trouvait l'offrande naïve d'un nouveau
coussin décoré au crochet; ou bien elle avait soigneusement
raccommodé quelque vêtement qu'il avait oublié de jeter,
l'hiver précédent. Il avait honte pour elle et pour lui: il y avait
quelque chose de monstrueux dans ces minables malenten-
dus. Il se taisait. Il ne pouvait pas lui faire comprendre; il n'y
avait rien à lui faire comprendre. Alors il préférait passer les
dimanches avec elle; il pouvait la surveiller, lui éviter l'humiliation de ces dévouements stupides; ou plutôt s'en éviter, à
lui, le remords.

Mais il ne trouvait rien à lui dire; et elle, trouvait que
c'était bien ainsi. Il ne pouvait tout de même pas lire, ou
l'obliger à lire, elle, toute la journée. Il la laissait faire un peu
de ménage; au reste il n'aurait pas pu l'en empêcher. Mais il
se disait en même temps, avec une sorte de pitié pour elle, et
d'amertume, qu'il n'y avait rien qui valût la peine d'être
nettoyé, restauré ou remis en place dans la chambre où se
passait leur vie.

Comme ils n'avaient ni l'un ni l'autre d'amis, ou du moins d'amis à qui montrer l' 'autre', ils n'avaient pas non plus le recours de rendre ou de recevoir des visites. Pomme n'allait plus jamais dans le studio de Marylène. Et d'ailleurs Marylène ne s'intéressait plus à Pomme.

Alors les deux amoureux allaient au cinéma, ou bien ils allaient se promener. L'étudiant n'avait pas perdu son habitude d'admirer tout haut les reflets du Pont-Neuf sur la Seine, ou la brume de novembre dans les jardins des Tuileries. Il semblait que son besoin romantique et cuistre de s'extasier devant de 'belles choses' se fût exaspéré depuis qu'il vivait avec Pomme. Il ne savait pas aimer tout bonnement, sans prononcer du même coup un jugement, une sentence. Il n'avait jamais tout à fait fini de séparer le bon grain de l'ivraie. C'était plus fort que lui, il devait constamment faire l'examinateur, le comptable, le médecin légiste. Le plaisir était pour peu, là-dedans; à moins que son plaisir eût été de ne jamais s'abandonner à son simple penchant (mais était-il seulement capable d'un 'penchant'?). Il lui fallait plutôt des contraintes, à chaque instant son nouveau pensum.

Et Pomme? Est-ce qu'elle savait ressentir un peu les choses comme lui? Cela aussi faisait partie des vérifications à faire, malgré son soupçon grandissant de la futilité, au fond, de la petite personne. A tout ce qu'il lui désignait comme admirable, Pomme acquiesçait. Mais il se demandait si ce 'oui' émanait seulement de sa docilité (peut-être une vague crainte de lui, qui la faisait s'affairer inutilement à son 'ménage') ou si Pomme était sincère. Mais comment aurait-elle pu ne pas être sincère? Cela faisait partie justement de sa docilité. Aimery se persuada peu à peu que la question de la sincérité de Pomme n'avait pas de sens. Il devait y avoir quelque chose, en elle, qui lui intimait tout naturellement de ressentir une émotion en même temps que lui. Alors ce ne pouvait être la même émotion.

Un jour elle le surprit quand même, Pomme. Ils visitaient l'église Saint-Étienne-du-Mont* (enfin c'était comme d'habitude la promenade guidée sous la férule du chartiste). Elle avait voulu s'asseoir un moment (ce n'était pas dans ses mœurs de 'vouloir' ainsi): il lui avait demandé si elle se sentait fatiguée. Elle lui avait dit que non, que tout allait bien mais qu'elle voulait rester encore un moment 'parce que ces lieux lui donnaient envie de prier'. Quand ils sortirent, il lui demanda (question qu'il n'avait jamais songé à lui poser) si elle croyait en Dieu. Elle eut alors un regard éclairé d'une infinie tendresse, mais qui le traversa seulement, et elle lui répondit: 'Mais oui!' Et cette réponse lui parut pour une fois ne pas s'adresser à lui, ne pas obéir à sa sollicitation; c'était comme si elle avait parlé avec quelqu'un d'autre, qui se fût trouvé derrière lui, et que lui, n'aurait pas vu. Ils traversèrent la rue Soufflot devant le commissariat du Ve arrondissement. Les deux agents de faction dévisagèrent Pomme du même regard de martiale lubricité.

Le jeune homme et la jeune fille face à face, près de la vitre. Seuls dans le compartiment. La jeune fille, très droite sur la banquette, les genoux serrés. Comparaît devant le jeune homme, ou bien s'apprête à comparaître. Immobilité de terre cuite. Le jeune homme ne la regarde pas. Il a le visage tourné vers la vitre où les arbres, la plupart dénudés, donnent de grands coups de brosse.

Ce jour-là Pomme vit les propriétés du jeune homme: le château, ses parents, et les bouts du monde de son enfance, dans des petits sentiers creux entre deux rangées d'arbustes et de ronces.

Le château consistait surtout en une immense cuisine, avec une cheminée comme un porche d'immeuble, et une vague odeur de gibier. Il faisait très froid dans cette pièce, mais moins qu'ailleurs, par exemple dans les salons et les chambres qu'Aimery fit vivement visiter. Il y avait en outre des bâtiments de ferme, qu'on ne visita point, et puis un pigeonnier que Pomme prit pour un donjon.

Le père du jeune homme portait sans contradiction l'allure d'un officier de cavalerie et le vêtement d'un palefrenier. La mère du jeune homme avait une espèce d'amabilité osseuse. Pomme était terriblement intimidée. Le matin, elle avait mis une heure à choisir une jupe et un pull-over le plus convenables possible.

On déjeuna. Le père d'Aimery but énormément, chaque verre ponctué d'un claquement de langue. Pomme lui trouvait des manières plutôt grossières, mais en même temps péremptoires. Il eut à la fin du repas deux ou trois renvois patriarcaux, et s'en fut chanceler vaguement à ses affaires.

Aimery fit du feu dans la cheminée (lumignon dans une grotte). Sa mère prépara le café. Pomme voulut débarrasser la longue table de chêne où ils avaient mangé, à même le bois. Mais la dame l'en empêcha. Elle appuya sur un bouton de sonnette, ce qui provoqua l'irruption d'une paysanne extrêmement sale, qui flanqua les couverts dans l'évier, et fit méchamment gicler dessus l'eau du robinet.

On prit le café décaféiné devant la cheminée. La dame s'étendit sur un divan Récamier,* insolite confort dans le désert de pierre que faisait cette pièce. Pomme s'assit le dos tout droit sur une chaise de paille. On parla. La mère d'Aimery fit quelques questions à la jeune fille, auxquelles le jeune homme répondit. Mais la dame ne s'intéressait qu'à ses questions.

Pomme écouta parler d'elle, modeste et silencieuse: elle comprenait qu'elle n'avait pas à se mêler à la conversation. Elle se sentait comme un objet qu'on examine: il y avait un vendeur, Aimery; et puis un chaland, sa mère. Mais il n'était pas question entre les compères d'acheter ou de vendre, d'accepter ou de refuser. Tout ça, c'était pour rire. ('Elle est gentille mais c'est une petite gourde', conclut la dame, d'un regard à son fils, ajoutant, du même regard: 'Tu n'as pas entendu ce qu'elle a dit? – Mais... elle n'a rien dit', répondit son fils, d'un silence. Il n'en fut pas moins impressionné par le jugement sévère et lucide de sa mère.)

Les deux jeunes gens se promenèrent ensuite dans les pâtures vides, autour du château. Le jour était déjà fissuré, çà et là, par les branches noires des plus hauts arbres, et s'effritait sur les futaies ceinturant les prairies. Pomme avait pris la main d'Aimery, mais celui-ci préféra bientôt marcher à grands et solides pas de hobereau, devant elle, qui s'absorbait à ne pas se tordre les chevilles, car ses chaussures de coiffeuse avaient des talons trop hauts.

On revint par un sentier pierreux, Aimery toujours devant, Pomme à sa suite, titubant dans les cailloux et les ornières. Aimery disait une fois de plus à Pomme les saisissements de l'automne, le ciel en gros moellons blancs ou gris, et les arbres à leur tour lentement pétrifiés. Toute cette poésie faisait à chaque nouvelle inspiration un petit brouillard devant les lèvres d'Aimery. Pomme avait de l'amour pour ce brouillard. C'était l'âme du jeune homme, à laquelle elle s'efforçait de mêler la sienne, avec application, en silence.

'Est-ce que tu m'écoutes, au moins?' fit-il brusquement. Puis il décida de se taire et pressa le pas jusqu'au château, sans égard pour la coiffeuse qui se tordait toujours les chevilles, très loin derrière lui. Il entra dans la cuisine et referma la porte. Quand Pomme arriva, une ou deux minutes plus tard, il dit seulement: 'On rentre!' La dame, qui était là, renchérit: 'Je vous aurais volontiers gardés cette nuit, mais ce ne serait pas convenable, je crois.' Pomme ne fit pas d'objection: les deux jours de congé que sa patronne lui avait donnés, elle pourrait bien les prendre une autre fois.

Quelque chose semblait empêcher Pomme d'être intelligente; ou peut-être le lui interdire. Elle ne posait jamais de question. Elle ne se laissait jamais étonner ni surprendre par les choses.

Et un jour il s'aperçut qu'il ne pouvait plus supporter de l'entendre se laver les dents.

L'espèce de prurit progressa d'autant plus vite que le garçon n'en avait encore jamais eu l'expérience: il ne supporta plus le contact de ses pieds dans le lit. Il ne supporta plus d'entendre sa respiration, la nuit.

Elle devait bien se douter, Pomme, confusément, que sa

présence irritait maintenant son ami. Elle se fit encore plus discrète, plus laborieuse, plus affairée que jamais. Mais Aimery se sentit d'autant plus prisonnier de cette infinie, de cette indiscrète humilité, qui lui interdisait de s'insurger, qui lui interdisait de formuler, fût-ce en lui-même, le moindre reproche. Et cela l'exaspérait sourdement. Cette insupportable innocence, c'était une violence qu'on lui faisait en le privant de son bon droit à la révolte. L'inexistence de Pomme avait un poids formidable.

Puis, au fond de tout cela, il y eut, grandissante, la honte que le jeune homme éprouvait dorénavant à vivre sous ce regard tellement humble, et qui avait ce pouvoir de le ravaler, lui, l'étudiant, à sa propre humilité. Ce n'était pas lui, vraiment, que ce regard avait jamais pu voir. L'idée, le soupçon le poignaient que Pomme vivait en réalité avec un autre que lui, juste à côté de lui.

D'ailleurs Aimery devrait bien reconnaître un jour que sa tendresse, son amour croyait-il, n'avaient été qu'un marché. Cela même ferait partie du contrat que de ne pas se l'avouer en pleine franchise.

Dès ses premiers moments son inclination, sans être pour autant insincère, contenait déjà ses futurs ressentiments. Il avait cédé à cela bien plus qu'il ne l'avait voulu: et à l'instant de céder il s'était déjà résigné à l'échec. Mais pourquoi ne pas dire tout bonnement que l'échec faisait partie de son calcul?

Quand Aimery s'avisa que le malaise qu'il éprouvait à côté de son amie (cette colère rentrée, mais contre qui? contre elle ou contre lui?), c'était (depuis longtemps) de l'exaspération, il soupçonna seulement à quel point ce sentiment lui était intime, déjà: inséparable de son 'amour', jusque-là, pour Pomme. Et le passage de l'un à l'autre, de l'amour à l'exaspération, n'avait été qu'une imperceptible transformation de la même substance.

Pour cette raison il ne put céder d'emblée à cette exaspération. Il y reconnaissait encore trop de sa tendresse, à peine défigurée. Il ne pouvait pas haïr tout simplement ces silences, cette soumission, cette blancheur d'âme qui l'avaient autrefois séduit, et qui continuaient de le séduire quand il y songeait.

Car il avait encore besoin d'elle quand elle n'était pas là. Il lui manquait quelque chose, et c'était elle. Mais lorsque Pomme revenait du travail et qu'elle entrait dans la pièce, il n'y avait pas d'assouvissement, pas de joie. Au contraire, sa présence le frustrait de son besoin d'elle. C'était à chaque fois la même petite, tout juste sensible, et pourtant véritable déception, le même ressentiment: il avait attendu pendant la journée son rendez-vous avec elle, et quelqu'un d'autre qu'elle était venu. Mais qu'avait-il donc espéré?

L'ironie de ce sort banal, c'est que Pomme, qui préparait le dîner et commençait à manger après lui, était bien le personnage qu'il fallait au drame intime du garçon, à ne pas tenir un rôle, justement, que nul en vérité ne devait savoir tenir.

Un jour, le conservateur se souviendrait d'avoir connu, jadis, quand il avait vingt ans, qu'il était presque un enfant lui-même, une petite fille à la pauvreté mystérieuse. Il porterait un regard ému sur l'image en lui doucement estompée, stylisée, de leur couple éphémère, impossible. Il se complairait à l'évocation de cet épisode étrange de sa jeunesse, jouissant de ne surtout pas s'y reconnaître complètement. Il ne saurait jamais que ce petit legs du passé, dans la chambre forte de ses nostalgies (il n'en parlerait à personne, pas même à sa femme), n'aurait peut-être été, finalement, que le produit d'une habile spéculation; un discret carambouillage dans l'honorable et prudente gestion de son destin. Sa nostalgie, ses remords mêmes lui feraient un capital illicite d'émotions délicates et précieuses, dont il percevrait l'intérêt, un peu chaque jour.

Il ne dort pas. Il ne peut plus dormir depuis qu'il la regarde dormir, elle. Son visage, pour une fois, est illuminé. Elle resplendit de son sourire intérieur. Elle ne rêve pas. Elle ne doit rêver à rien. C'est au néant qu'elle sourit, qu'elle se livre comme à un amant. Plusieurs fois il manque la réveiller, la faire basculer du faîte de sa solitude et de sa paix sans lui, et dont il n'ose pas se dire qu'il est jaloux.

Ç'allaient être les vacances de Noël. Il s'en irait en Normandie. Il fallait que tout fût réglé avant son départ.

Plusieurs fois il convoqua Pomme devant lui, mentalement. Il lui parlait tantôt avec douceur, tantôt avec fermeté, comme à un petit enfant qu'on envoie se coucher avant l'heure, se disait-il avec attendrissement. Mais comment faire autrement? C'était leur intérêt, à l'un comme à l'autre lui expliquait-il. Ils avaient fait fausse route. Elle ne pouvait pas être heureuse avec lui. Somme toute ils n'étaient pas du même monde. Ce qui convenait à l'un n'était pas de nature à satisfaire l'autre, et vice versa. Ils n'avaient pas les mêmes plaisirs. Ils étaient nés trop loin l'un de l'autre. D'ailleurs il ne savait même pas ce qu'elle attendait de lui. Il n'était pas arrivé à le savoir. Il s'excusait. Il regrettait. Il n'aurait pas dû, lui, l'emmener jusque-là. C'était lui le responsable. Il voulait bien qu'elle le détestât, qu'elle lui dit même qu'il s'était moqué d'elle. Ce n'était pas vrai, mais il comprenait qu'elle pût le penser. Elle avait même le droit de le mépriser.

En réalité leur rupture fut quelque chose de bien plus simple. Il lui dit son intention de la quitter, sans brutalité mais sans qu'il jugeât nécessaire non plus de ménager la sensibilité de la jeune fille, parce qu'il la soupçonnait d'être insensible. Surtout depuis qu'il s'était efforcé d'imaginer quelle serait sa réaction à l'annonce de leur séparation: finalement il n'imaginait aucune espèce de réaction. La jeune fille se détacherait de lui sans faire d'histoire.

Elle ne fit pas d'histoire. Elle ne sut dire que 'Ah! bon!', puis: 'Je le savais bien.' Elle referma la boîte de Curémail,* rinça son éponge et s'essuya les mains. Elle ne protesta pas. Elle ne pleura pas. Si bien qu'Aimery, au lieu de se trouver rasséréné à bon compte, comme il l'avait espéré, vit seulement croître ce qu'il éprouvait déjà de ressentiment à l'égard de cette fille, qu'il considéra comme une sorte de brute.

Mais il ne pouvait pas simplement ignorer le mal qu'il

faisait à Pomme. Elle n'avait rien demandé de lui, peut-être, sauf d'accepter l'offrande qu'elle lui faisait de sa personne: il s'avisait maintenant qu'elle lui avait extorqué quelque chose d'énorme. Et lui, il n'avait pas eu le courage de retenir la jeune fille au bord du don de soi; il l'avait laissée faire. Il avait laissé brûler devant lui ce petit cierge à sa dévotion, sans plus s'en soucier que d'une ampoule qu'il aurait oublié d'éteindre avant de s'endormir.

C'était comme le jour de leur rencontre, de leur première conversation, de leur première promenade ensemble; c'était comme le jour où pour la première fois elle avait fait l'amour. A chacune de ces étapes (mais il ne savait pas alors que c'étaient des 'étapes') il se rendait compte, simplement, qu'il était 'trop tard' pour faire autrement. Alors il passait l'étape, avec une espèce de remords, mais vite oublié. A chaque fois, cependant, il mesurait que le mal qu'il faudrait faire à la jeune fille, ensuite, serait encore plus grand.

Mais il savait aussi qu'elle ne se défendrait pas, qu'elle ne s'insurgerait pas, qu'elle ne paraîtrait pas même souffrir. Et la pitié que le jeune homme commençait d'éprouver s'effaçait aussitôt sous une bouffée de colère et de mépris.

Si Pomme s'était défendue, si elle avait eu la moindre parole d'amertume, le moindre sanglot, même retenu, Aimery lui aurait peut-être accordé une autre fin. Il l'aurait estimée davantage (elle aurait été moins différente de lui). Il aurait pu faire de leur séparation quelque chose d'important, et Pomme aurait eu du moins le viatique d'une grande douleur. Plusieurs fois, tandis qu'elle mettait ses affaires dans sa valise, il espéra qu'elle allait se plaindre, lui faire quelque reproche. Mais rien ne se passa. Elle lui demanda seulement s'il voulait bien lui donner un de ses cartons de livres, qu'elle vida de son contenu pour ranger les affaires qui n'entraient pas dans sa valise. Elle ficela le carton et s'en alla.

Il sera passé à côté d'elle, juste à côté d'elle, sans la voir. Parce qu'elle était de ces âmes qui ne font aucun signe, mais qu'il faut patiemment interroger, sur lesquelles il faut savoir poser le regard.

Certes c'était une fille des plus communes. Pour Aimery, pour l'auteur de ces pages, pour la plupart des hommes, ce sont des êtres de rencontre, auxquels on s'attache un instant, seulement un instant, parce que la beauté, la paix qu'on y trouve ne sont pas de celles qu'on avait imaginées pour soi; parce qu'elles ne sont pas où l'on s'attendait à les trouver. Et ce sont de pauvres filles. Elles savent elles-mêmes qu'elles sont de pauvres filles. Mais pauvres seulement de ce qu'on n'a pas voulu découvrir en elles. Quel homme n'a pas dans sa vie commis deux ou trois de ces crimes?

Elle est rentrée chez sa mère, du côté de Suresnes ou d'Asnières. C'était un immeuble de brique rouge, entre deux immeubles de brique jaune. Ni l'une ni l'autre n'ont reparlé du jeune homme sur leur canapé de skaï noir. Simplement Pomme est rentrée. Elle a remis ses affaires dans sa chambre. Le soir, elle a regardé la télévision.

Maintenant elle savait bien, Pomme, qu'elle était laide. Elle était laide et grosse. Et méprisable car tout cela n'était que l'extérieur de son indignité profonde, qu'elle avait bien comprise, Pomme, quand Aimery l'avait renvoyée de chez lui.

Le plus dur, c'était de sortir, d'être au milieu des autres gens, dans la rue, dans le train, au salon de coiffure. Elle voyait bien comment ils la regardaient, les gens. Elle les entendait parfaitement quand ils s'esclaffaient derrière elle. Elle ne leur donnait pas tort. Elle avait seulement honte.

D'ailleurs Marylène le lui avait dit, autrefois: 'Là, là, là, tu as de la cellulite.' Elle lui avait pincé presque durement la poitrine, la taille, les hanches. Maintenant ça lui revenait, à Pomme, la réflexion de Marylène. Comme si Marylène avait été juste à côté d'elle, derrière elle, à le lui répéter qu'elle était grosse.

Elle se rappelait aussi les hésitations quelquefois, les réticences d'Aimery à la toucher. Elle avait dû le dégoûter à la fin. Rien que d'y penser elle en avait des bouffées de honte, elle en avait chaud. Elle transpirait. Surtout sous les bras. Elle devenait encore plus répugnante.

La mère et la fille passaient les dimanches ensemble dans un lourd tête-à-tête. La mère emmenait sa fille prendre l'air, l'après-midi, pour se changer les idées, pour qu'elle ne s'étiole pas. La fille entraînait sa mère dans un parcours qu'elle avait établi, toujours le même, par les rues les plus désertes de leur banlieue. Il commençait à faire froid. Pomme se recroquevillait dans son manteau. Elle avait hâte de remonter dans sa chambre. Dans sa chambre personne ne risquait plus de la voir. Elle entendrait vaguement le film de la télévision, derrière la cloison. Elle tâcherait de s'endormir jusqu'au soir.

Pomme sentait que sa mère lui en voulait. Elle ne lui aurait pas fait de reproches, sa mère, mais elle devait avoir honte, elle aussi. Il y avait eu Marylène, d'abord.Et puis Marylène s'était détournée de Pomme. Ensuite il y avait eu le jeune homme; et le jeune homme aussi s'était détourné de Pomme.

Elle ne disait rien, la mère de Pomme. Si seulement elle avait pu lui dire, à Pomme, que rien n'était de sa faute. Mais elle ne savait pas comment se faire comprendre. Elle se rendait bien compte, la crémière, que sa fille avait mal, et elle voulait ne surtout pas lui faire davantage de mal. Alors elle ne disait rien. Elle avait peur de tout ce qu'elle aurait pu dire.

Par exemple qu'elle rencontrerait un jour, sûrement, un garçon qui serait de son monde, à elle. Ils se marieraient ensemble. Ce serait un garçon modeste, pas un étudiant, puisque Pomme était modeste. Il ne fallait pas rêver d'autre chose.

Et ç'aurait pu être ça, le mariage de Pomme:

Ç'aurait été dans son village, dans le Nord, qu'elle n'aurait jamais dû quitter. Il y aurait eu d'abord la mairie; les témoins tout frais tondus, rouges et fébriles; le fiancé légèrement empesé. Ensuite l'église, car elle aurait été en blanc, Pomme. Elle aurait eu des gants blancs, très fins, très longs. Elle aurait eu du mal à les enlever à l'église. Elle ne les aurait pas remis, ses gants, pour ne pas cacher l'alliance. Plus tard, elle les aurait gardés avec le bouquet de fleurs qu'elle avait à la main, dans un carton à chaussures.

On serait allés déjeuner. Un déjeuner jusqu'à la nuit, à la terrasse du bistrot, devant le monument aux morts. Coquilles Saint-Jacques pour commencer.

Il boirait énormément, le père du marié. Sa femme l'encourage. 'Tu fais semblant', elle lui dit. Elle remplit encore son verre. Qu'il soit saoul comme les autres! Mais celui-là, il a l'habitude. Il tient le coup.

Maintenant c'est fait. Les voilà, les maris, absents très loin dans leur monde où tout est mou, glissant. Les femmes sont enfin veuves, pour un moment. Elles sont entre elles. Sec plaisir..Les enfants aussi sont entre eux, à l'assaut du monument aux morts.

Le jeune marié n'est pas ivre. Il n'aime pas le vin. Il s'ennuie. C'est long la fête. Il n'a rien à dire à personne.

Vers la fin de l'après-midi on se transporte tous ensemble chez la maman de Pomme. Il y a du mousseux, de la bière et des gâteaux. Les maris ont fini quand même par retrouver chacun sa femme. Ils dessaoulent. Pas pour longtemps car il y a de trop redoutables lucidités ainsi, entre deux vins. Les femmes les emmènent, chacune son aveugle ou son paralytique sur le trottoir de la route nationale; les enfants suivent, de loin car c'est l'heure des torgnoles, ils savent bien.

On s'assoit. Par couples, les enfants autour. Chaque famille sur deux chaises côte à côte. Les couples se regardent, et se demandent peut-être si rien d'autre que cela ne sera jamais imaginable. Non! Ils ne se demandent rien. On danse. L'heure des baffes est passée. On est bien contents, tous.

L'arrière-grand-mère de Pomme, dans son coin, se dit à voix basse des obscénités. Pas gâteuse, l'aïeule! Elle regarde les jeunes de tous les âges, depuis son au-delà* qui marmonne vaguement en elle.

Le jour tombe. Cette fois on a fini de boire, et de danser. On est anesthésiés. Chacun pourtant s'obstine dans les gestes de la fête; c'est la roue d'un vélo qui continue de tourner après l'accident. Les femmes commencent à regarder l'heure. Les enfants s'envoient de grands coups de pied dans les mollets, pour jouer. Les mâles adultes se lèvent tous ensemble pour aller pisser dehors, contre le mur. Les femmes en profitent pour ramasser les enfants, et sortent à leur tour.

Ç'aurait sans doute été ça, le mariage de Pomme. Ce qui est triste dans toute cette histoire, mariage ou pas, chagrin d'amour ou pas, c'est qu'il n'y a peut-être jamais rien à regretter. Et c'est cette idée-là qui devait sournoisement atteindre Pomme du fond de ce que nous, nous appelons son chagrin.

Pour la première fois elles auraient voulu se parler, la mère et la fille, avoir une vraie conversation. Toutes les deux, elles étouffaient de larmes qu'elles auraient aimé doucement confondre, mais les larmes ne venaient pas davantage que les paroles. Au lieu que Pomme osât chercher simplement le secours que sa mère avait tant besoin de lui donner, elle s'efforçait de garder devant elle une allure digne sous son opprobre. De la seule confidente que lui avait donnée le sort elle faisait un témoin, un juge dont elle craignait d'interpréter le silence: ce ne pouvait être qu'un reproche.

Pendant la fin de l'hiver, Pomme se mit à maigrir, d'abord insensiblement, puis de façon spectaculaire: elle avait la peau du visage extrêmement blanche, presque transparente à l'endroit des pommettes. La crémière avait essayé toutes les ruses pour faire manger sa fille, se fiant d'abord à son ancienne gourmandise, qui n'aurait pas dû tarder à revenir, puis résignée à ce haut-le-cœur qui saisissait Pomme dès la première bouchée du repas. Celle-ci ne se nourrissait plus que de verres de lait, de quelques fruits, et de morceaux de sucre.Ce n'était pas un régime; elle ne pouvait plus faire autrement.

Alors, malgré son inquiétude, la crémière avait fini par consentir à ces dégoûts dont elle savait bien qu'ils n'étaient pas simulés. Le soir, elle préparait à sa fille des compotes;

elle mélangeait une cuillerée de crème fraîche au verre de lait qui devait faire son repas. Et elle avait une fervente prière pour que 'ça passe' quand même, malgré l'ingrédient qu'elle avait subrepticement ajouté. En tout cas elle avait compris que la seule joie de Pomme, désormais, c'était de maigrir.

Certes, certes, la brave femme s'était dit que sa fille allait sûrement tomber malade. Mais fallait-il la tourmenter davantage? La crémière s'interdisait de faire la moindre remarque. Même si la volonté de Pomme avait été de mourir (n'était-ce pas cela, au fond, qu'elle voulait?), sa mère ne serait pas allée contre sa volonté. Elle avait trop l'intelligence du malheur pour ne pas respecter celui de Pomme, jusqu'au bout. C'est à ces gens qu'on dit ensuite: 'Comment! vous n'avez rien fait? Vous l'avez vue mourir et vous n'avez rien fait?' Ah, misère!

Et puis un jour, environ quatre mois après le début du jeûne, Pomme eut un malaise sur le chemin de la boutique, où elle persistait à se rendre (elle le lui avait pourtant bien dit, la patronne, d'aller voir un médecin et de se reposer un peu! Mais Pomme 'se sentait très bien', au contraire; elle était même plus affairée que d'habitude, et dans les derniers temps elle avait une espèce de gaieté nerveuse).

Elle tomba, au milieu d'un passage clouté, d'un seul coup. Il y eut un embouteillage, quelques instants, car la première voiture (le véhicule A), celle qui venait de freiner juste contre Pomme, ne pouvait pas repartir, bien sûr. Il fallait attendre que la voie soit dégagée. Les autres conducteurs, derrière (véhicules B, C, etc.), s'impatientaient. Ils donnaient des coups d'avertisseur. Le type, dans le véhicule A, faisait des grands gestes qu'il n'y pouvait rien.

Deux femmes étaient accourues vers Pomme et tâchaient de la faire se relever. Mais Pomme demeurait inerte. Impossible de la remettre en marche.

Alors le chauffeur du véhicule A descendit pour aider les deux femmes à ramasser Pomme. On la porta sur le trottoir.

Le type remonta dans sa voiture, qui était munie de phares anti-brouillard à iode et de lève-glaces électriques. En redémarrant il alluma sa radio et regarda se déployer son antenne automatique; il eut une pensée pour la misérable jeune fille étendue sur le pavé, puis aussitôt une autre pour les peaux de mouton dont étaient recouverts ses sièges. Ces peaux faisaient chacune un rectangle d'environ 50 sur 120 centimètres. Elles étaient fixées aux dossiers des sièges par des élastiques de couleur brune. La fourrure qui se trouvait sur le siège avant, voisin de celui du conducteur, révélait une certaine usure, en deux endroits qui devaient correspondre aux épaules et aux fesses du passager (ou de la passagère).

Le conducteur jeta un coup d'œil sur son tachymètre, où l'aiguille blanche se déplaçait en éventail, de gauche à droite, sur les chiffres verts marquant les vitesses de 20 en 20 km/h.

Le tableau de bord était en outre pourvu d'un compte-tours et d'une montre électrique. Celle-ci retardait d'environ dix minutes. Le compte-tours, qui était de fabrication étrangère comme tout le reste de la voiture, comportait des chiffres en demi-cercle, à la manière du tachymètre, mais en moins grand nombre, de 10 à 80. La zone comprise entre '60' et '80' était d'une belle couleur rouge, contrastant avec le fond uniformément gris de cet appareil de mesure. Au centre du cercle on pouvait lire la mystérieuse inscription 'RPM × 100', et juste au-dessous, à la manière d'une signature: 'Veglia Borletti'.*

A travers le pare-brise, qui faisait un angle d'environ 130° avec le capot avant (sous lequel on avait réuni les six cylindres du moteur), le conducteur vit que la chaussée était libre, maintenant, très loin devant lui.

Pomme a été conduite à l'hôpital. On n'a pas à savoir si elle va vivre ou si elle va mourir, n'est-ce pas? De toute façon son destin est accompli. C'est elle-même qui en a décidé du jour où elle ne voulut plus manger, où elle ne voulut plus rien demander à un monde qui lui avait si peu donné.

Quand elle dut quitter sa mère, car on l'emmenait dans un

autre hôpital, loin en province, elle lui demanda de bien vouloir se rendre chez le jeune homme, parce qu'elle se sentait coupable à son égard. Elle sentait bien qu'il s'était ennuyé avec elle, et qu'elle l'avait souvent irrité. Elle ne savait pas pourquoi, mais les choses s'étaient passées ainsi. Elle aurait bien voulu que le jeune homme ne gardât pas un mauvais souvenir d'elle.

La mère de Pomme fit la commission le lundi suivant. Mais l'étudiant n'habitait plus la chambre. La concierge ne savait pas où il était maintenant. La dame pouvait quand même envoyer un mot chez ses parents. La concierge lui donna leur adresse en Normandie: cela parviendrait certainement au jeune homme.

Effectivement, Aimery de Béligné reçut la lettre d'excuses de Pomme et de la crémière quelques jours plus tard.

Mais restons encore un moment avec le futur conservateur: regardons-le lire sa lettre, et puis nous nous éloignerons de lui, nous l'abandonnerons à sa solitude. Quoiqu'il arrive elle sera moins morte que lui, Pomme. Et sur les ruines de son corps comme un petit tas de bois sec, le visage de la jeune noyée ne s'altérera pas. Il rayonnera pour ainsi dire de son chagrin, de sa noyade, de son innocence pour l'éternité.

Le futur conservateur s'était installé dans un modeste garni, devant le Panthéon.* Le contraste de sa nouvelle chambre et du monument d'en face l'avait séduit. Accoudé à la fenêtre, il voyait dans un saisissant raccourci ce que pourrait être son destin. Il pensait souvent à sa propre mort, de cette manière. Ce n'était pas du tout effrayant: son âme fraîchement éclose de la chrysalide charnelle voletait au-dessus du cortège de ses funérailles. Il admirait l'ordonnance du convoi. Il y avait l'Institut* (il reconnaissait son épée, ses décorations sur un coussin de velours noir que portait le secrétaire perpétuel de l'Académie). Il y avait le ministre de la Culture, plusieurs parlementaires, des artistes, des écrivains. Et puis, plus loin, le flot noir et magnifique de la foule.

Au fond, c'était un soulagement pour lui que d'avoir quitté Pomme. Il pouvait s'adonner à son rêve de lui-même avec moins de réserve, sans le muet mais indiscret démenti de la jeune fille.

Il se rendait bien compte qu'il était vaniteux: cette joie qu'il avait, par exemple, à imaginer ce que les gens disaient de lui quand il n'était pas là, et dont le phantasme de son propre enterrement n'était en quelque sorte que l'apothéose. Alors il se disait que cette vanité, puérile (un peu ridicule, peut-être?), n'était que l'autre face d'une grande timidité, qui le faisait douter de lui dans le moment même de ses plus folles ambitions.

Car il y avait aussi les heures d'abattement, de dégoût. Il se sentait, corps et âme, malingre. Ses grandeurs présumées étaient une revanche, un besoin.

Il s'était donc séparé de Pomme sans trop d'émotion; mais pour cette raison il s'en voulait un peu: cela aussi le rapetissait; cela le confirmait dans son prosaïsme. Pas de grande douleur; il avait seulement attrapé un gros rhume pendant qu'il était chez ses parents. En rentrant à Paris il toussait et larmoyait d'abondance. Il ne pouvait même plus lire, car le papier blanc et la lumière lui arrachaient des larmes. C'était une grande souffrance nasale. Il prenait ses cachets d'aspirine et songeait que dans le même moment, peut-être, Pomme avalait des barbituriques. Cela l'humiliait. Il était jaloux de Pomme; jaloux de ce qu'elle avait emporté dans sa petite valise les grands sentiments. Il sortait de ses doutes en se disant que pour lui, de toute façon, il n'était pas encore temps de voleter au-dessus de ses propres funérailles.

Ce qu'il reprochait à Pomme, au fond, c'était de l'avoir entraîné dans un monde où les objets régnaient sur lui. Quand il pensait à Pomme, il la voyait toujours avec un balai, un ouvre-boîtes, des gants de caoutchouc rose. C'est pour cela surtout qu'il avait voulu quitter leur chambre: pour échapper aux objets que Pomme y avait introduits.

Mais il les retrouvait, ces objets, dans sa nouvelle

chambre, ou presque les mêmes. Il y avait le lavabo, un verre à dents ébréché... cela le considérait, lui, avec une espèce d'ironie muette, obstinée. Il se réfugiait dans ses livres; mais les livres eux-mêmes pouvaient se transformer sournoisement en objets quand ils s'accumulaient sur sa table. Et puis il y avait la femme de chambre qu'il croisait sur son palier, le matin, avec sa serpillière et son seau, et qui le considérait, elle aussi avec un regard d'objet quand il passait devant elle. Ah, ce n'était pas tous les jours qu'il pouvait suivre son enterrement au Panthéon!

Et puis un soir, tout d'un coup, il eut une illumination. Il avait trouvé le moyen de vider sa querelle avec les choses du monde. Il écrirait! Il serait écrivain (un grand écrivain). Pomme et ses objets seraient enfin réduits à sa merci. Il en disposerait à sa convenance. Il ferait de Pomme ce qu'il en avait rêvé: une œuvre d'art. Et puis il laisserait entendre, à la fin de son récit, qu'il avait vraiment rencontré Pomme. Il se complairait à reconnaître qu'il n'avait pas su l'aimer. Il transfigurerait sa honte présente, et son petit remords: sa faiblesse deviendrait *œuvre*. Ce serait un moment d'intense émotion pour le lecteur.

Il s'endormit au milieu d'un cocktail littéraire, entouré de journalistes et sous le ronronnement des caméras. Il eut un bref poignement de reconnaissance à l'égard de Pomme. Cela faillit le réveiller.

IV

Quand on s'est séparés, la Dentellière et moi, ça n'a pas été ce qu'on appelle une rupture. On ne s'était rien dit là-dessus. On ne parlait jamais d'avenir.

Je l'aimais bien, la Dentellière. On vivait l'un à côté de l'autre, mais on n'avait pas les mêmes mœurs ni les mêmes heures; on ne se voyait pas beaucoup. On ne s'était jamais disputés. Il n'y avait pas de raison qu'on se dispute. On a seulement quitté la chambre.

Moi, je m'en allais en province, pour un an ou deux. La Dentellière est retournée chez elle. On se reverrait souvent, c'était promis. Et puis on ne s'est pas revus. Il n'y avait aucune raison non plus pour qu'on se revoie. Ça s'est avéré très vite. Enfin pour moi. Mais elle non plus, je crois, elle n'a jamais cherché à me revoir. On s'était quittés en quittant la chambre.

Je me souviens parfaitement de cette chambre. C'était dans l'appartement d'une très vieille dame russe,* pas loin du Trocadéro.* Un sinistre foutoir. Elle n'avait jamais dû refaire les peintures,* la vieille Russe. A la longue, les tableaux s'étaient incrustés dans les murs. Les rideaux faisaient corps avec les fenêtres. Ce n'était pas sale, c'était fossilisé. La poussière ne s'en allait plus, c'était comme de la pierre. Il aurait fallu ravaler. J'avais repeint ma chambre en blanc, à même les grumeaux. Ça faisait du torchis.

J'avais eu le privilège de visiter toute sa catacombe, à la vieille, parce qu'elle avait une espèce de sympathie pour moi. J'étais un locataire sans histoire. Je la payais régulièrement grâce aux leçons de latin que je donnais et qu'elle venait souvent écouter de derrière ma porte. Elle, elle enseignait le russe aux enfants du quartier, mais elle ne savait plus très bien sa grammaire, je crois. Elle ne savait pas non plus le français. Enfin, pas couramment. Elle n'avait plus aucune langue, ma logeuse, pour s'exprimer. Elle les avait apprises un peu toutes. Elle les mélangeait. C'était sans importance, elle n'aimait pas beaucoup parler. Juste l'essentiel, les chiffres. Elle s'y était mise, aux nouveaux francs,* c'en était admirable chez cette presque gâteuse. Pas question qu'elle se trompe. Elle connaissait les mots qu'il fallait, et les usages!

Enfin elle m'aimait bien. Elle m'avait montré toutes ses pièces, et ses napperons, et ses guéridons. Elle en avait, des objets! Pas poussiéreux du tout. Elle devait les épousseter chaque matin, ses bibelots, en même temps qu'elle les comptait.

Quand la Dentellière est venue s'installer chez moi, avec son petit bagage, j'avais un peu peur qu'elle se fâche, ma rombière. Ou qu'elle m'augmente, qu'elle m'assassine pour de bon. C'était bien entendu, elle m'avait dit, une fois pour toutes! pas de visite, pas d'histoire. Surtout pas de fille! Tout au plus mes élèves, jusqu'à douze, treize ans. Au-delà de cet âge elle passait l'heure derrière nous. Je la sentais farfouiller de l'œil dans la serrure.

Enfin, la Dentellière, elle l'a plutôt bien admise. J'en étais étonné, vraiment. Elle est même allée jusqu'à lui prêter sa cuisine. Elles s'entendaient bien ensemble. C'était l'idylle!

Elle voulait à toute force s'entremettre, la vieille dame. C'était son plaisir, sa passion, sa jouissance ultime. Le soir elle faisait plus ou moins effraction dans notre chambre. Elle voulait savoir si on était bien, si par hasard on ne s'était pas disputés (mais alors ce n'était pas grave, ce n'était rien, ç'allait s'arranger tout seul, j'avais tort, moi, de m'emporter).

De toute façon on ne se disputait jamais. Elle les inventait, nos disputes, de toutes pièces.

On l'a invitée deux ou trois fois, on l'a priée même, pour qu'elle prenne le dîner avec nous. Elle n'a jamais voulu. On était quand même ses locataires. Pas ses amis.

Je crois qu'elle espérait un peu qu'on se marierait, la Dentellière et moi. Elle aurait pu nous laisser une autre pièce, elle avait dit un jour, si on voulait. Elle avait de la place, elle en avait trop. Il lui serait bien resté cinq ou six pièces pour ses guéridons, ses icônes, ses fantômes. Et puis elle avait pris à part la Dentellière, à plusieurs reprises; elle lui avait demandé 'si elle faisait bien attention'.

Elle parlait volontiers à la Dentellière, plus qu'à moi. Moi, je la faisais répéter. Et la vieille Russe n'aimait pas qu'on fasse mine de ne pas la comprendre. Elle n'aimait pas répéter. La Dentellière, elle, comprenait tout. Il ne pouvait pas y avoir de malentendu avec elle: j'en avais fait l'expérience.

La Russe lui a montré des points de tricot. La Dentellière, elle voulait bien apprendre. Elle ne voyait pas l'allusion.* Elle ne voyait jamais le mal. Elles ont fait des napperons ensemble. Elles buvaient du thé très noir. Elles mangeaient des petits gâteaux. Elles se racontaient des histoires, je me demande en quelle langue!

Quand je lui ai dit qu'on s'en allait, à la vieille Russe, ç'a dû lui faire quelque chose. Je crois qu'elle s'était habituée à notre présence à tous les deux, et qu'elle nous a regrettés, encore plus que notre loyer. Et la note du gaz, qu'on lui payait depuis qu'elle nous prêtait sa cuisine.

Son avarice, qui lui avait fait accumuler tous ces bibelots, tous ces objets autour d'elle, c'était sans doute une façon pour elle de se défendre contre la solitude, contre l'immensité de son appartement. Si quelqu'un a vraiment souffert, sur le moment de notre départ, c'est-à-dire de la rupture entre la Dentellière et moi, ce doit être la vieille Russe.

Par la suite je n'ai revu la Dentellière qu'une fois. C'était plusieurs années après.

J'enseignais toujours le latin. Et puis la littérature. Quinze heures par semaine, plus trois pour payer les traites de mon appartement. Je ne suis pas destiné à faire autre chose.

Et alors il y eut la lettre, un jour. Ça venait d'Asnières ou de Suresnes, je ne me souviens plus très bien. La personne me disait que 'sa jeune fille avait été souffrante', mais qu'elle allait beaucoup mieux maintenant, et qu'elle avait 'le droit de recevoir des visites'. Elle espérait que je voudrais bien aller la voir, si j'avais le temps.

Pendant un bon moment, une minute au moins, je me suis bien demandé de qui, de quoi il était question. J'avais la mémoire comme une vieille bouteille de vinaigre qu'on remue. Ç'avait soulevé les dépôts, et ça se brouillait, ça devenait opaque. J'ai fini par remettre mes souvenirs en place. Je n'avais vu la mère de la Dentellière qu'une fois, mais elle avait une espèce de style, bien reconnaissable. Cette façon de s'exprimer, cette calligraphie enfantine, ça ne pouvait être qu'elle. Mais pourquoi donc m'avait-elle écrit, à moi? Je n'avais pas revu la Dentellière depuis des années. J'aurais dû m'effacer d'elle comme elle, elle avait disparu de moi.

C'était comme si j'avais reconnu mon propre visage dans l'album de photographies d'une famille qui me fût étrangère: ici, le grand-père, là, une petite nièce en communiante; là, toute la famille réunie pour le mariage du fils aîné. Et puis tout à coup, parmi les autres, parmi ces étrangers, votre visage! Oui, à n'en pas douter, c'est bien vous! A moins que... Alors vous demandez: 'Et celui-ci, qui est-ce? – Oh, celui-ci, c'est un cousin éloigné. Il vit à l'étranger.' On tourne la page, Dieu merci! Et voici de nouveaux personnages, parfaitement inconnus, parfaitement indifférents. Ce n'avait été qu'une illusion, une simple ressemblance. D'ailleurs vous êtes le seul à l'avoir remarquée.

Mais tout de même, cette lettre signifiait bien que d'une manière ou d'une autre je figurais en personne dans l'album, dans la mémoire de cette famille-là. Alors je me suis rendu à l'adresse indiquée dans la lettre.

L'hôpital consistait en trois ou quatre pavillons au milieu des arbres, à trente kilomètres de la capitale sur la route de Chartres. On était au mois de juin; les visiteurs et les malades étaient installés sur des bancs, dans le parc. Je me suis assis à mon tour, avec la Dentellière.

J'aurais pu me croire en vacances avec elle, dans une ville thermale, au milieu des autres curistes (certains en robe de chambre). Mais il y avait devant moi cette maigreur pathétique et ce regard fasciné. C'était d'un autre monde que les parterres de fleurs et l'ombre doucement balancée d'une branche, juste derrière le visage de la Dentellière. Je lui ai demandé depuis quand elle était là. Depuis le printemps. Et avant? Avant, rien. Seulement sa maladie. Elle ne pouvait plus rien manger, est-ce que je comprenais ? C'était plus fort qu'elle. Elle aurait bien voulu, mais rien ne passait. C'était une drôle de maladie. Alors on l'avait mise à l'hôpital, d'abord à Paris, puis ici. Tout allait bien à présent; je ne devais pas m'inquiéter. Mais je ne m'inquiétais pas de cela, ou du moins pas seulement de cela. Et j'insistai: Et avant? Que s'était-il passe? Elle me répéta: 'Rien.'

Mais c'était ce 'rien' que j'avais besoin de comprendre: tout cet espace entre notre séparation et maintenant, où devait s'être fomentée l'immense solitude de ce corps qui n'était plus de cette vie.

Et puis non! il n'y avait rien de vraiment nouveau. Pas même cette difficulté que j'éprouvais à parler, tandis que s'approfondissait devant ma parole le mutisme de la Dentellière. Son aspect physique s'était profondément modifié, mais je sentais, à mesure que mes souvenirs d'elle remontaient à ma conscience, que la Dentellière n'avait pas changé. C'était toujours la même absence d'elle, devant moi. Elle ne paraissait pas triste, par exemple d'être dans cet hôpital (mais je ne l'avais jamais vue triste, autrefois). Simplement elle était étrangère, autre, prisonnière, non de l'hôpital, non de sa 'maladie', mais de la région lointaine où elle n'avait jamais cessé d'être. Était-ce cela, sa folie?

J'ai pensé à ce 'rien', qu'elle venait de me dire et que je tâchais de remplir quand même, peut-être avec d'autres aventures, comme celle que nous avions vécue ensemble. Combien y en avait-il eu, de ces 'rien', qui devaient tous avoir abouti de la même manière: sans éclat et sans regret apparent? Jusqu'au jour où la Dentellière avait cessé de se nourrir; où elle avait détourné la tête de la mamelle sèche et laide de son existence. Alors son retranchement du monde était devenu total, et complètement assumé. Ce qui n'avait été jusque-là que mégarde se muait en refus. Refus de la part du corps, d'une muette sincérité.

Et maintenant il y avait le protocole psychiatrique, les pavillons, et cette demi-obscurité des conversations sous les arbres à l'heure des visites: l'isolement de la Dentellière n'avait été forcé que pour un isolement d'une autre sorte. Déjà elle avait cet air timide, misérable et poli, surtout très poli, des autres malades de l'hôpital. Et puis il y avait, de temps à autre, le passage rapide et feutré de la silhouette blanche d'un infirmier, déchirure de l'ombre.

Je demandai à la Dentellière si elle arrivait à présent à s'alimenter. Elle eut un sourire mystérieux, et tira de sa poche une petite bourse où elle avait accumulé les pilules qu'elle avait réussi à ne pas se laisser administrer. C'est surtout de cela qu'elle se nourrissait, me dit-elle. Je lui fis reproche – bêtement – de ne pas prendre tous ses médicaments.

Un homme est passé près de nous, en nous dévisageant une seconde. 'C'est le docteur, me dit la Dentellière; c'est lui qui s'occupe de moi.' Le regard de l'homme avait rencontré celui de la Dentellière, s'était appesanti sur le mien (cherchait-il, comme moi, un coupable?) et s'était détourné. Mais la Dentellière s'est levée. 'Je vais te présenter au docteur', m'a-t-elle fait, soudain joyeuse. Nous étions à nouveau dans une ville thermale. Pour ainsi dire en vacances. J'allais être présenté au docteur par une de ses curistes. Les pilules dans la bourse de la Dentellière, c'étaient finalement des mondanités, comme de boire de l'eau sulfureuse, de bavarder à l'ombre des cèdres, de se promener dans le parc, de jouer au bridge dans le salon de l'hôtel.

La Dentellière a fait quelques pas vers le docteur et l'a interpellé doucement. Mais le docteur ne s'est pas retourné; il a continué de marcher comme s'il ne l'avait pas vue, ni entendue. Le docteur redevenait psychiatre, gardien. On ne jette pas de nourriture aux animaux. La Dentellière s'est rassise sur son banc, derrière sa vitre, ses barreaux.

Je lui ai demandé si elle ne se sentait pas trop impatiente, pas trop malheureuse d'être ici. Elle m'a dit que c'était la première fois que je lui posais une telle question. Elle devait avoir raison. Mais pourquoi se souvenait-elle si bien de moi, de nous? Elle me rappela des promenades que nous avions faites ensemble, autrefois. Ses souvenirs étaient d'une extraordinaire précision: les ex-voto de la chapelle, les navires qui passaient, l'histoire de Guillaume le Conquérant. Moi qui l'avais crue indifférente et distraite! Tout cela avait donc compté pour elle?

Je fus saisi d'un insupportable sentiment de culpabilité, comme si sa folie, sa maigreur, son emprisonnement, c'était moi qui les avais faits.

J'ai tâché d'annuler cela en la faisant parler des hommes qu'elle avait connus après moi. Elle m'en a dit plusieurs; elle m'a raconté d'autres chambres, avec eux, et puis d'autres promenades, et même des voyages qu'elle avait faits: 'La Grèce, tu ne connais pas la Grèce? J'ai été jusqu'à Salonique, tu sais?' Alors mon angoisse d'avoir peut-être été le seul s'est atténuée. La Dentellière m'a considéré pendant quelques secondes, avec un sourire d'une tendresse presque maternelle. Il m'a semblé qu'elle avait deviné mon angoisse, et qu'elle avait pitié de moi.

NOTES TO THE TEXT

Notes of a linguistic nature have been kept to a minimum. The reader is referred to the *Collins-Robert French-English, English-French Dictionary*.

Page

41 **Musil:** Robert Musil, Austrian novelist (1880-1942). *Tonka* is one of his early short stories. Like *La Dentellière*, it features a young girl exploited by a man from a higher social class. Tonka's impenetrability makes her a clear forerunner of Pomme. Musil is an author much admired by Lainé: 'Je me considère un peu comme un héritier de Musil par le truchement d'auteurs plus proches de nous, ou même contemporains (je pense à Kundera, par exemple, je pense de même à certains aspects du cinéma italien et du cinéma tchécoslovaque), qui proposent à la fois une littérature extrêmement cultivée, consciente de ses procédés, qui a perdu ses illusions, ses illusions romanesques et, de l'autre côté, un enracinement dans une époque' ('Une Génération qui cherche ses sources'). Such art, Lainé adds, is no less 'self-conscious' than the *nouveau roman* but less arid, more subtle, and capable of achieving 'une richesse d'émotion extrêmement grande'.

43 **en forme de betterave sur les cartes:** presumably Aisne, the *département* of which Saint-Quentin is the *chef-lieu*

Page

(cf. Introduction), but here fictionalized by the humorous image.

43 **ils voyaient ... ceux qui arrivaient en auto:** The use of a pronoun before the subject has been given is a colloquial device much used in *La Dentellière*. In an otherwise enthusiastic review, Bertrand Poirot-Delpech, having described this feature as 'une gaucherie réputée "populaire" ', objected: 'Mais le procédé paraît un peu forcé et spécieux au milieu d'une prose de haute tenue, où ne manque, par ailleurs, aucun accord de subjonctif' (*Le Monde*, 15 February 1974). Other readers may be tempted to conclude that this is a deliberate attempt at disorientation.

44 **Vers dix-neuf heures trente:** N.B. the language of television.

44 **recroquevillements:** Only the verb and the adjective are usually found. The noun makes the old people more like inanimate objects.

46 **ces tableaux de genre:** 'Genre painting', much practised by the Dutch and Flemish painters of the sixteenth and seventeenth centuries, took as its subjects scenes from everyday life.

46 **ou Dentellière:** The comparison is narrowed down to the lace-maker on p. 80. 'La Dentellière', one of the most famous paintings by the Dutch artist Vermeer (1632-75), hangs in the Louvre. The allusion to the painting is suggestive on more than one level. Vermeer's idealization of reality echoes the contrast evoked in Lainé's novel between the rich expressiveness of the work of art and the ordinariness of its subject. And, as Camille Bourniquel has observed, Pomme, like Vermeer's lace-maker, 'offre une surface tentante, mais à ce point lisse qu'on ne réussit pas à y mordre. La lumière la caresse, et, en fait de possession, tout est dit' (*Esprit*, April 1974, p. 750. See illustration on p. 40). Both lace-makers appear totally absorbed by the activities

Page

they undertake, a state described by Lainé as 'le consentement de toute la personne à sa pose' (p. 46). There
are other descriptions of Pomme that apply so neatly to
the girl in Vermeer's painting that they put beyond all
doubt the active role the latter has played in the gesta-
tion of Lainé's text. The allusion also introduces, of
course, the all-important image of lace-work. (See Introduction, p. 23.) More obliquely, it marks the presence
of Marcel Proust, an author who on more than one
occasion in Lainé's writing is to be found as the essential
point of reference. For in the context of French literature, the mention of Vermeer is bound to recall *A la
Recherche du temps perdu* and Proust's *alter ego* Charles
Swann, for whom a study of Vermeer was to be his life's
work.

To reflect on Proust's novel and *La Dentellière* leads
to some interesting points of contact and further illustration of the way Lainé's text has grown out of his
reading of existing works of literature. The relationship
between Aimery and Pomme is in many ways very
different from that between Swann and Odette, or Marcel and Albertine, but in so far as Proust's two characters have also entered unwittingly into a false relationship with a girl who, as Swann says, 'n'était pas [s]on
genre', *A la Recherche* at least suggests itself as *one* of
Lainé's now distant starting-points. Furthermore, the
first volume of Proust's novel juxtaposes first– and
third–person narratives, and although Marcel and
Swann, unlike the subjects of Lainé's two narratives,
are given separate identities, it is clear that Proust, like
Lainé after him, is concerned with exploring the ways in
which fictional characters multiply distorted versions of
the author's own consciousness. The explicitness with
which in his later novels Lainé allows his writing and the
memory of reading Proust to merge is further encouragement to see *La Dentellière* against the background of

Page

A la Recherche. (See also the notes to p. 71.) It is, we should remember, one of the paradoxes of literary influence that the most profound examples are often those that unite texts which also present many distinct features of their own.

48 **cette femme sans détour:** 'this utterly straightforward woman'.

48 **dépenaillements:** Usually only the adjective *dépenaillé* is found.

49 **dans des promiscuités sans grâce:** 'in a graceless jumble'.

50 **d'une absence l'autre:** 'from one absence to the next'.

50 **car on se doute trop ... n'arrive:** 'since one suspects only too well that they are people to whom nothing ever happens'.

51 **selon les rebondissements de la longue mégarde que fait leur vie:** 'from bump to bump in the one long accident that makes up their life'.

53 **deux roues d'emmenthal:** 'two (whole) Emmental cheeses'. (They are round, hence the author's vision of them as wheels.)

54 **ses oripeaux de petite vertu:** literally, 'her glad-rags of easy virtue'. *Une femme de petite vertu* is a 'woman of easy virtue'.

54 **au parquet vitrifié:** '*Vitrifier.* Recouvrir (un parquet) d'une matière plastique transparente pour le protéger' (*Le Petit Robert*).

54 **crème fraîche:** an echo of one of the dairy products sold by Pomme's mother. Of a thickish consistency, *crème fraîche* is the only variety of fresh cream produced in France.

55 **celle de Suzanne ou de Suzon surprise au bain:** a reference to a scene from the apocryphal Book of Susanna. Susanna, a virtuous wife surprised by two elders while preparing to bathe in the garden of Joachim at Babylon, foils their attempt to take advantage of her. In revenge, they accuse her of adultery and she is condemned to

Page

death, only to be saved by the intervention of the pro-
phet Daniel, who exposes the elders' falsehood. The
bathing scene has been treated by many artists, the most
familiar to a French reader being Tintoretto, one of
whose versions hangs in the Louvre. Suzon is a familiar
form of Suzanne (cf. Beaumarchais's *Le Mariage de
Figaro*.)

55 **ainsi qu'auraient dû les comporter ses bientôt dix-huit
ans:** 'which being nearly eighteen she ought to have
had'.

56 **Jours de France:** a magazine the readership of which is
two-thirds female. In *La Femme et ses images*, Lainé
notes that 'la femme, selon *Jours de France*, est d'abord
une *séductrice*, un *objet* pour le regard, pour le toucher,
pour l'odorat'.

56 **Vieux caquetages péremptoires!:** *caquetages* here de-
notes the women who cackle rather than simply the
cackling itself. The effect is one of depersonalization.

57 **Ophélies:** a reference to Shakespeare's *Hamlet*.

57 **Enfin, mettons:** 'At any rate, let's suppose so'.

58 **Angkor:** a royal seat in Western Cambodia containing
the ruins of impressive temples built in the ninth to
twelfth centuries.

58 **elle faisait aussi dans l'écervelé, dans le bruyant:** 'she
took to acting scatter-brained and boisterous'.

58 **XVIᵉ ... kitch.:** the language of the small property-
advertisement. It is, the advertiser claims, a luxury one-
room flat in the fashionable 16th *arrondissement*, near
the Bois de Boulogne. It occupies 30 square metres on
the sixth floor overlooking the street. The flat has a
bathroom and kitchenette. The building has a lift that
can be used to go both up and down. (Some lifts install-
ed in France between the wars were designed only to be
used for going up.)

58 **Saint-Maur:** Saint-Maur-des-Fossés just SW of Paris in
the Marne valley, part of a wealthy commuter-belt.

Page

61 **la terrasse du Fouquet's:** an expensive restaurant on the Champs-Élysées.

61 **Giordano:** cf. p. 52.

66 **comme on dit après:** It is ironically recalled that objects which were *tranchants* during the crime become *contondants* when described in police reports or newspaper accounts.

67 **L'Équipe:** a pink newspaper containing only sports news.

68 **'Trigano', 'Banania', 'B.N.P.', 'Arthur Martin':** advertisements for: camping equipment; a banana-flavoured drink; the Banque Nationale de Paris; the makers of gas-cookers.

68 **'Voi che sapete ...':** Cherubino's famous aria from Mozart's opera *Le Nozze di Figaro*. Cherubino sings of the effects of love: 'You ladies who know what love is, tell me if that is what my heart is feeling.' Once again, Pomme is aware of the language of love before she has any direct experience of the phenomenon itself. The address to 'ladies who know what love is' may be thought to take on an ironic value in the context of the salon in which Pomme works.

68 **Neil Armstrong:** the American commander of Apollo II and the first man to walk on the moon (20 July 1969).

69 **en abîme:** an extension of the term *mise en abîme* (usually spelt *abyme*) which is used in heraldry and, since André Gide's appropriation of the term, novel-writing and criticism. It refers to the Chinese box effect of a shield (or novel) reproducing within it a mirrored, and usually smaller, version of itself. Gide's novel *Les Faux-Monnayeurs* features a novelist who is himself writing a novel entitled *Les Faux-Monnayeurs*.

71 **Cabourg:** the Balbec of *A la Recherche du temps perdu*. Yet another example of the way Lainé's writing is haunted by the memory of Proust.

71 **Marylène donnait maintenant dans le modeste et le simple:** 'Marylène was now "into" being unpretentious and simple'.

Page

72 **autres buées vestimentaires:** 'other hazy garments'.

72 **il se remettait à sarcler dans ses notes:** 'he began to pick out a few notes again'.

73 **marché Saint-Pierre:** in Paris, not far from the Sacré Cœur.

74 **Juan-les-Pins:** a fashionable resort on the Côte d'Azur.

76 **tartes:** a *faux ami*. It means, variously, '*laid*; *sot et ridicule*; *peu dégourdi*' (*Le Petit Robert*).

76 **C'était du gentil mais du tout provisoire:** 'It was nice but it couldn't be expected to last'.

78 **la shahbanou:** Persian queen.

79 **vilains:** 'serfs'.

79 **l'École des Chartes:** Founded in 1821, this *grande école* in the rue de la Sorbonne trains archivists, librarians and museum curators.

79 **un esquimau rose:** an iced-lolly with a sugar coating, made, as the next reference to it points out, by Gervais.

80 **bourbonien:** The Bourbons provided the Kings of France for several centuries. *Un nez bourbonien* is defined by *Le Petit Robert* as 'nez long un peu busqué'.

80 **une 2 Chevaux:** Citroën's most basic model, powered by a 2 HP engine and also abbreviated 'une 2CV'.

85 **pianiste gardien de square:** cf. p. 73.

88 **la tapisserie de la reine Mathilde:** This famous eleventh-century tapestry depicts the events of the Norman conquest. Tradition assigns its commission to Matilda, wife of William the Conqueror.

88 **la mer, la mer toujours recommencée:**

> Ce toit tranquille, où marchent des colombes,
> Entre ces pins palpite, entre les tombes,
> Midi le juste y compose de feux
> La mer, la mer, toujours recommencée!
> O récompense après une pensée
> Qu'un long regard sur le calme des dieux!

The first stanza of, arguably, the most famous French

Page

        poem of the twentieth century, Paul Valéry's 'Le Cime-
tière Marin'.

89 **distractives:** a neologism. Cf. the *faux ami* 'distraction'.

89 **P.L.:** Lainé's own initials.

89 **les Messieurs de l'assistance:** 'the members of the
audience'.

91 **L'Astrée:** the long pastoral novel by Honoré d'Urfé
(1567-1625). Set in the seventh century, it tells of the
love of Céladon and Astrée.

92 **Pastis 51:** Pastis is a clear aniseed-based alcoholic drink
which turns cloudy when water is added. 51 is the brand
name.

92 **l'amour:** The reader may here be reminded of some of
the phenomena Proust analyses with such skill in *A la
Recherche du temps perdu*.

94 **Plaud et Meunier:** authors of *Grammaire latine toutes
classes*.

96 **au 5 de la rue Sébastien-Bottin:** another of Lainé's little
jokes. This is the address of his publisher, Gallimard.

98 **au Jean-Bart:** a café named after a famous seventeenth
century sea-captain.

98 **la rue Edmond-Gondinet ... Félix Potin:** two obscure
corners of Paris that were not calculated to appeal to
Aimery the historian and intellectual. These particular
examples were most probably chosen for their unpoetic
names. Gondinet (1828-88) was the author of vaude-
villes and comedies. Chanute (1832-1910) was a railway
and early aircraft engineer. The Félix Potin stores are
small neighbourhood supermarkets.

102 **de chez Gallimard:** naturally!

102 **le Paic-Citron:** a lemon-scented washing-up liquid.

103 **Saint-Étienne-du-Mont:** the imposing sixteenth- and
seventeenth-century church in the *Quartier Latin*, situ-
ated behind the Panthéon on the top of the so-called
Montagne Sainte-Geneviève.

105 **un divan Récamier:** a nineteenth-century chaise-longue

Page

named after Mme Récamier. It is a classic type of reclining couch with one end slightly higher than the other and gracefully curved.

109 **la boîte de Curémail:** a tin of scouring-powder.

113 **depuis son au-delà:** 'from her other world'.

116 **Veglia Borletti:** evidence that it is an Italian car.

117 **le Panthéon:** Built between 1764 and 1778 this burial temple stands at one of the highest points in the *Quartier Latin*. It houses the remains of some of the great men of France, including Voltaire, Rousseau and Victor Hugo.

117 **l'Institut:** The Institut is made up of the Académie Française and four other learned Académies. Since 1806 it has been housed in a building with an imposing cupola on the left bank of the Seine.

120 **une très vieille dame russe:** Many Russian aristocratic families settled in Paris after the Russian Revolution in 1917.

120 **du Trocadéro:** an area in the fashionable 16th *arrondissement* on the other side of the Seine from the Eiffel Tower. It was given the name Trocadéro in 1827 after a military tournament on the site had re-enacted the French capture of Fort Trocadero (near Cadiz) in 1823. The site is now occupied by the Palais de Chaillot, built in 1937.

120 **Elle n'avait jamais dû refaire les peintures:** 'She can't ever have had it repainted'.

121 **Elle s'y était mise, aux nouveau francs:** 'She had got the hang of new francs'. The French currency had been revalued in 1960, 100 francs becoming 1 NF. Even today many Frenchmen still reckon in old francs, particularly when large sums are involved.

122 **Elle ne voyait pas l'allusion:** The old Russian lady was obviously thinking of baby clothes.